O Livro da Culinária Feng Shui
Criando Saúde e Harmonia na sua Cozinha

Elizabeth Miles

O Livro da Culinária Feng Shui
Criando Saúde e Harmonia na sua Cozinha

Tradução
ADAIL UBIRAJARA SOBRAL
MARIA STELA GONÇALVES

Ilustrações
ROLAND ROSENCRANZ

EDITORA PENSAMENTO
São Paulo

Título do original:
The Feng Shui Cookbook

Copyright © 1998 Elizabeth Miles.

Publicado mediante acordo com Carol Publishing Group, Inc., Secaucus, NJ, USA.

Todos os direitos reservados. Nenhuma parte deste livro pode ser reproduzida ou usada de qualquer forma ou por qualquer meio, eletrônico ou mecânico, inclusive fotocópias, gravações ou sistema de armazenamento em banco de dados, sem permissão por escrito, exceto nos casos de trechos curtos citados em resenhas críticas ou artigos de revistas.

O primeiro número à esquerda indica a edição, ou reedição, desta obra. A primeira dezena à direita indica o ano em que esta edição, ou reedição, foi publicada.

Edição	Ano
1-2-3-4-5-6-7-8-9	99-00-01-02-03-04

Direitos de tradução para a língua portuguesa
adquiridos com exclusividade pela
EDITORA PENSAMENTO LTDA.
Rua Dr. Mário Vicente, 374 – 04270-000 – São Paulo, SP
Fone: 272-1399 – Fax: 272-4770
E-mail: pensamento@snet.com.br
http://www.pensamento-cultrix.com.br
que se reserva a propriedade literária desta tradução.

Impresso em nossas oficinas gráficas.

A filosofia chinesa afirma que a energia vital, ou ch'i, vem da respiração e da alimentação. *O Livro da Culinária Feng Shui* é um guia para você alimentar sua energia vital nos atos cotidianos de cozinhar e de comer.

Sumário

Agradecimentos 9

PARTE I: O ALIMENTO COMO FONTE DE ENERGIA ESSENCIAL 11

O Ambiente Iluminado da Alimentação 27

A Alimentação Feng Shui 39

PARTE II: RECEITAS 65

Sopas 69

Saladas e Temperos 83

Bebidas 113

Pratos Principais 119

Sobremesas 213

Receitas Segundo a Natureza Essencial —
Yin, Yang e Equilibradas 231

Recomendações de Leitura 233

Agradecimentos

Este livro baseia-se em séculos de prática dos Mestres do Feng Shui, dos estudiosos do I Ching e dos praticantes chineses de medicina. É grande a minha admiração pelos escritos e pela sabedoria de gerações de pessoas que fizeram esse antigo conhecimento chegar ao presente, e pelas pessoas que, em muitos campos, partilharam com o mundo os hábitos alimentares Feng Shui e os hábitos asiáticos em geral.

Agradeço aos que usaram o seu paladar e o seu ch'i para ajudar a aperfeiçoar, em sua própria cozinha, as receitas Feng Shui: Lindsay Clare, Jim Cypherd, Deenya Rabius e Alex Wilson, Rachel Razo e Peter Gust, bem como Sarah e Arthur Schiller. Agradeço a Roger Hyde, que me levou em seu Buick Electra 1970 à loja de livros usados em que encontrei a minha edição Bollingen do I Ching, tornando-se assim uma espécie de padrinho espiritual do *Livro da Culinária Feng Shui*.

Agradeço à minha editora, Carrie Nichols Cantor, que captou a essência do trabalho e me ajudou a revelá-la com um coração acolhedor, boas palavras e uma visão clara.

Roland Rosencranz investiu nas ilustrações do livro mais talento e visão artística do que eu merecia; obrigada por infundir de vida e de visão essas imagens.

Muitos agradecimentos e todo apoio a Betsy Amster, minha agente e mentora, cujo otimismo, tenacidade, capacidades literárias e excelente ch'i me fizeram sentir um jogador de sorte numa equipe campeã.

PARTE I:

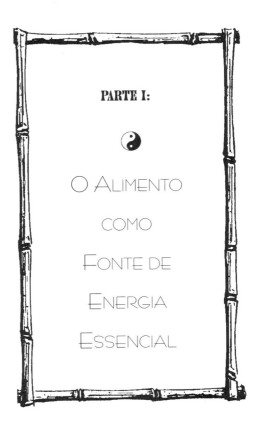

O Alimento como Fonte de Energia Essencial

Introdução

I Ching — Hexagrama nº 27

Prover Alimento

*A perseverança traz boa fortuna.
Preste atenção à nutrição
e àquilo que o homem procura
para encher a própria boca.*

Durante milhares de anos, a China manteve uma grande civilização e uma das populações mais saudáveis do mundo com base na idéia fundamental do *ch'i*: a energia essencial, ou força vital, que flui nas pessoas e no mundo natural. Talvez já no século IV a.c., mestres chineses do ch'i aplicavam um corpo unificado de teoria *Yin-Yang* para canalizar a energia exterior do ambiente e a energia interior das pessoas a fim de criar saúde e produtividade em seu nível mais elevado.

O Livro da Culinária Feng Shui apóia-se nessa sabedoria antiga para mostrar a você como empregar os princípios do equilíbrio Yin-Yang na cozinha e na alimentação a fim de obter energia essencial. As diretrizes de apresentação, as receitas e as observações destinadas a alimentar o pensamento põem a seu serviço os poderes do Yin e do Yang para relaxá-lo quando estressado, estimulá-lo quando cansado, tornar manifestos os traços ou características mais adequados de sua personalidade a uma situação particular, bem como ter acesso ao seu potencial nas áreas da carreira, do sucesso material, da família, da saúde e das relações sociais. Você vai aprender como se alimentar com vistas à sabedoria, à honestidade, à convicção, à motivação e ao perdão... bem como para fortalecer, nutrir, estimular, concentrar ou purificar o seu ch'i. Você vai até descobrir de que maneira o alimento pode ajudá-lo a expressar alegria, tristeza, raiva, medo e encantamento. *O Livro da Culinária Feng Shui* abre as portas para uma aventura na antiga arte e ciência da alimentação capaz de nutrir sua energia essencial para uma saúde melhor, mais prosperidade e uma concepção renovada do prazer à mesa.

VENTO E ÁGUA

A prática chinesa da organização do ambiente conhecida como *feng shui* se traduz como "vento e água", as forças que personificam o fluxo e a transformação da energia no mundo natural. Há dezenas de séculos, o vento e a água eram os melhores amigos e os piores inimigos da sociedade agrícola que povoava a China. Os frios ventos vindos do norte traziam problemas e doenças, mas as suaves brisas vindas do sul traziam o ar fresco e dispensador de vida. Os rios ofereciam a água vital às pessoas, lavouras e rebanhos quando se mantinham em seu leito, mas devastavam e matavam durante suas freqüentes cheias. Com o passar do tem-

po, as pessoas observaram que o vento e a água determinavam a própria topografia da terra em que trabalhavam e viviam. O respeito a elas tanto pela energia promotora da vida como pela energia portadora da morte que essas forças exibiam teve como evolução a arte do feng shui.

O feng shui é a ecologia do fluxo, a arquitetura da energia. Baseado na idéia de que a boa sorte advém de uma vida em equilíbrio com o ambiente e com a natureza interior, o feng shui tem sido louvado como prática ambientalmente bem fundada que acentua antes o respeito pela natureza do que a sua manipulação. Essa é uma idéia antiga e intuitiva que, em nossos dias, está tão esquecida a ponto de parecer revolucionária.

Entendidos como prática ambiental e espacial, os princípios do feng shui são antecedentes e precursores das modernas bases da topografia, da geografia, da geologia, da climatologia, da hidrologia, da ciência do solo, do planejamento urbano, da arquitetura, da construção de edificações e do projeto de interiores. Sua doutrina principal, a do equilíbrio entre Yin e Yang, pode ter como raiz a primeira descoberta conhecida dos pólos magnéticos da terra pelos chineses, em algum momento perto do século IV a.C.

No corpo humano, os conceitos de ch'i e de equilíbrio do feng shui têm muito em comum com a atual ciência da nutrição e a medicina. Em suma, o feng shui é um método, honrado pelo tempo, que lhe franqueia o acesso à energia de todas as coisas e o equilíbrio a fim de ter uma saúde melhor, melhores relacionamentos e mais prosperidade.

O vento e a água representam o fluxo da energia no mundo natural. *O Livro da Culinária Feng Shui* ajuda você a tirar proveito do fluxo de energia trazido pelos alimentos e a controlar as mudanças que o alimento provoca no seu organismo.

O FENG SHUI E O I CHING

A base filosófica e cosmológica do feng shui está no texto de três mil anos de idade do *I Ching*, ou Livro das Mutações. O "I", o mais antigo sistema divinatório do mundo que chegou aos nossos dias, foi o primeiro livro a definir e aplicar os princípios equilibradores do Yin e do Yang. Esse livro continua a ser o fundamento do pensamento chinês, em que se incluem o feng shui e a medicina nutricional.

O Bom Feng Shui:
Uma Breve Lição de Energia Vital

O lugar classicamente escolhido para construir uma casa, de acordo com os princípios do feng shui, oferece uma breve lição sobre a arte e a ciência de pôr as forças naturais para trabalhar em nosso favor. A meio caminho entre a planície e a colina, voltada para o sul, e situada no lado norte de um rio,* a casa feng shui recebe toda a luz e o calor do sol de que precisa, enquanto a colina em sua retaguarda bloqueia os frios ventos do norte. Um engenheiro solar só teria elogios para esse projeto ambientalmente perfeito, enquanto os moradores da casa se alegrariam por não ter de pagar uma conta muito alta pelo aquecimento. O rio proporciona uma grande quantidade de água às pessoas, à lavoura e aos animais; o fato de a casa se encontrar a meio caminho entre o rio e a colina a protege de cheias. Em nosso mundo superpovoado e repleto de construções de todo gênero, muitos de nós não podem viver num ambiente feng shui clássico.
Mas todos comem.

(*) Como estamos no hemisfério sul, as qualidades do sul e do norte devem ser entendidas no sentido inverso. (N. do T.)

A teoria do Yin e do Yang estabelecida pelo I Ching normal propõe que os opostos advêm um do outro, tal como as forças positiva e negativa de um ímã, e que a mudança cíclica criada por esse fluxo fundado na oposição é a um só tempo natural e benéfico. A essência vital que resulta do equilíbrio entre o Yin e o Yang é ch'i, que anima todas as coisas a fim de unir humanidade e natureza, espírito e substância, mente e corpo.

Os 64 hexagramas do I Ching, diagramas de seis linhas que descrevem todas as combinações possíveis do Yin (linhas partidas) e do Yang (linhas inteiras), apresentam estratégias práticas para a plena gama de dinâmicas e de decisões que a vida humana apresenta. Servindo como uma espécie de bíblia do crescimento pessoal, das interações sociais, da ciência, da política e da espiritualidade na cultura chinesa, o I Ching é a fonte teórica para a prática do feng shui. Todos os conceitos que você vai encontrar neste livro — Yin, Yang, os Cinco Elementos, o significado dos pontos cardeais, das cores, das estações e assim por diante — foram esboçados pela primeira vez nesse texto antigo.

O I Ching também serve de base aos fundamentos da medicina nutricional chinesa. Suas idéias acerca do equilíbrio entre o Yin e o Yang e das forças dos Cinco Elementos formam os alicerces das teorias chinesas sobre a ação do alimento no corpo e na mente e na geração do sucesso estético. Parte dos hexagramas do oráculo descrevem a alimentação e o ato de comer como imagens para várias situações de vida. Esses hexagramas do I Ching encimam cada capítulo deste livro como um lembrete de que a noção de nutrição há muito ocupa um lugar importantíssimo na tradição venerável e vital de uma vida equilibrada.

Não é preciso ser um profundo conhecedor do I Ching para se beneficiar da sabedoria do seu texto. O feng shui é a aplicação prática do I Ching na vida diária, e, com *O Livro da Culinária Feng Shui*, você vai aprender a pôr em ação os princípios do I cada vez que comer, alimentando a sua energia vital com a sabedoria do mais antigo oráculo do mundo.

CH'I

Para o organismo humano, duas são as fontes do ch'i: a respiração e o alimento.

O *sheng ch'i* deriva do equilíbrio perfeito entre as energias Yin e Yang. Esse bom ch'i, que nasce do equilíbrio, é vivo e gera o crescimento e

a boa saúde. O *sha ch'i*, por outro lado, resulta do desequilíbrio entre essas energias, agindo como força destrutiva. Para tirar proveito da saúde e da prosperidade que o bom ch'i proporciona, você tem de equilibrar o ambiente ao seu redor — figurativamente, o ar que você respira — e o alimento que ingere.

O papel vital do alimento na criação da energia essencial é representado graficamente pelo pictograma chinês para a palavra ch'i: o caractere para "arroz" combinado com um radical que indica vapores em ascensão. A imagem do cozimento do arroz é ch'i.

O papel do equilíbrio Yin-Yang e do ch'i na saúde humana foi usado pela primeira vez no *Manual de Medicina Corporal do Imperador Amarelo*, um texto do século II a.C. atribuído ao imperador regente da época. O manual documenta que os médicos chineses foram os primeiros do mundo a descobrir que o sangue circula no corpo (a Europa fez essa observação quase dois mil anos depois). Acompanhava essa descoberta a proposta de que, da mesma maneira como o coração bombeia sangue, assim também os pulmões bombeiam ch'i. Mutuamente dependentes, o sangue é Yin e o ch'i é Yang.

No interior do corpo, o ch'i pode subir e descer, contrair-se e expandir-se. Quando adequadamente equilibrado e fluido, ele protege o corpo dos invasores. Porém, quando o seu ch'i estagna, se esgota ou é excessivo, você se vê sujeito à doença.

Os chineses também foram os primeiros a identificar os *ritmos circadianos* (descritos no *Manual do Imperador Amarelo*), ou o relógio biológico que controla o seu nível de energia, a temperatura do seu corpo, sua química cerebral e assim por diante, no decorrer do dia. A idéia do ch'i se acha inextricavelmente ligada à realidade médica segundo a qual

Introdução

as pessoas têm de manter o equilíbrio mesmo quando se acham em constante estado de mudança para serem produtivas e saudáveis — e, assim, bem-sucedidas financeira, social e espiritualmente.

No mundo que nos cerca, a poluição e os recursos em desaparecimento revelam o desequilíbrio do nosso ch'i exterior, enquanto taxas impressionantes de doenças vinculadas com a alimentação e com os estilos de vida demonstram a disseminada disrupção do ch'i pessoal nas pessoas. O feng shui e a medicina chinesa operam com base no axioma segundo o qual o corpo, a mente e o ambiente exterior se influenciam mutuamente de maneira constante. Para alcançar a saúde e a prosperidade pessoais ou sociais, temos de criar um ambiente de ar limpo e abundante e de alimentos nutritivos — e em seguida internalizar essa energia essencial cada vez que respiramos ou ingerimos um bocado.

O BA-GUÁ DA COZINHA FENG SHUI

Um dos instrumentos básicos do Feng Shui é o ba-guá, um octógono que resume todos os princípios do equilíbrio entre Yin e Yang presentes no I Ching. Esse instrumento espacial e conceitual é construído a partir dos oito trigramas (os componentes de três linhas dos hexagramas) do I Ching, destinando-se a retratar todos os desejos e necessidades básicos das pessoas em cada um dos seus oito lados, ou guás. Quando os guás do octógono se acham em equilíbrio, seu ch'i está no nível de excelência.

Os chineses veneram o sul, fonte da luz solar doadora de vida, a ponto de colocarem essa direção no topo do ba-guá, marcando-o com a cor vermelha real.* Cada um dos quatro pontos cardeais, ao lado do centro do octógono, representam os Cinco Elementos, que por sua vez se associam a situações da vida, cores e aos Cinco Sabores que se levam em conta na cozinha chinesa.

---

*Repetindo: como nós estamos no hemisfério sul, as qualidades do sul e do norte devem ser entendidas no sentido inverso. (N. do T.)

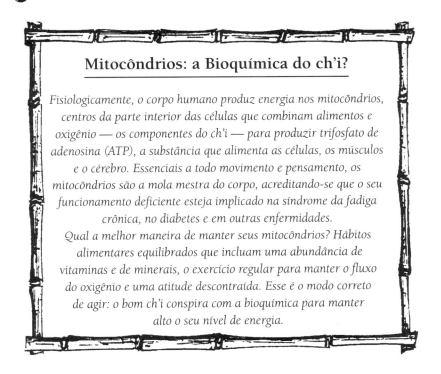

Mitocôndrios: a Bioquímica do ch'i?

Fisiologicamente, o corpo humano produz energia nos mitocôndrios, centros da parte interior das células que combinam alimentos e oxigênio — os componentes do ch'i — para produzir trifosfato de adenosina (ATP), a substância que alimenta as células, os músculos e o cérebro. Essenciais a todo movimento e pensamento, os mitocôndrios são a mola mestra do corpo, acreditando-se que o seu funcionamento deficiente esteja implicado na síndrome da fadiga crônica, no diabetes e em outras enfermidades.

Qual a melhor maneira de manter seus mitocôndrios? Hábitos alimentares equilibrados que incluam uma abundância de vitaminas e de minerais, o exercício regular para manter o fluxo do oxigênio e uma atitude descontraída. Esse é o modo correto de agir: o bom ch'i conspira com a bioquímica para manter alto o seu nível de energia.

O Ba-guá e Seu Ambiente

Os praticantes do Feng Shui usam o ba-guá para determinar de que maneira levar ao nível máximo o ch'i ambiental de um espaço, seja ele um cômodo, uma casa ou uma propriedade. Mediante o alinhamento das direções indicadas no octógono com as direções do espaço em questão, esses praticantes podem fazer recomendações sobre como aumentar ou diminuir a força de cada um dos Cinco Elementos com vistas a atingir o equilíbrio e o livre fluxo, bem como para tratar de questões específicas da vida dos ocupantes.

Para usar o Ba-guá da Cozinha Feng Shui na análise de um espaço — que vai de um cômodo a toda uma casa —, alinhe as direções do octógono com as verdadeiras direções da bússola a partir do ponto em que você está. Por exemplo, o lado, ou guá, do Fogo deve apontar para o sul, e o da Água, para o norte. Agora, imagine o octógono como o cômodo ou casa, e leia que características ou propriedades se associam a cada área. Por exemplo, sua parede sul é a casa do Fogo, ou do sucesso, e você pode ativar essas energias pondo objetos vermelhos em destaque ou instalando um forno, uma lareira ou uma vela no lugar. Verifique o setor leste do seu cômodo ou casa se estiver tendo problemas de saúde. Ele está sujo ou bagunçado? Limpe-o e ponha uma planta verde para agradar a Madeira, cujos poderes podem curar e corrigir.

O Ba-guá e Seu Alimento

Da mesma maneira, o Ba-guá da Cozinha Feng Shui pode ajudá-lo a escolher seus alimentos e a organizá-los no prato de um modo que eleve ao máximo suas forças elementais.

Na medicina e na psicologia chinesas, pensa-se que cada pessoa traz em si uma combinação peculiar dos Cinco Elementos, em geral com um elemento dominante que molda sua personalidade e sua fisiologia. A melhor saúde e o maior sucesso vêm, no entanto, de um equilíbrio harmonioso entre esses cinco elementos.

Os alimentos se associam aos Cinco Elementos por meio de suas cores e sabores, tal como os descreve o Ba-guá da Cozinha Feng Shui. Se você tiver deficiências em um ou mais elementos, quer temporariamente ou como característica pessoal, é possível equilibrar sua energia mediante a ingestão de alimentos que contenham os sabores e cores desses elementos. Você vai aprender mais sobre as propriedades elementais dos alimentos e da alimentação voltados para o equilíbrio entre o Yin e o Yang no capítulo sobre os alimentos feng shui.

Para aplicar o Ba-guá da Cozinha Feng Shui ao seu prato, alinhe o Fogo com o topo, a Água com a parte de baixo, e organize o alimento de modo que os sabores e as cores reforcem os elementos de cada guá. Cada receita do livro oferece instruções para servir destinadas a criar um prato feng shui que ative as energias que você busca — e cria uma apresentação colorida que torna sua refeição tão bela quanto deliciosa.

O Ba-guá na Sua Vida

O Ba-guá da Cozinha Feng Shui é uma referência rápida aos princípios do feng shui que pode ajudá-lo a organizar o seu espaço e a planejar suas refeições. Seu modo visual de retratar situações de vida pode servir igualmente de base à auto-avaliação, à meditação e à descoberta de si mesmo. Você tem favorecido a carreira em detrimento da saúde? A família em detrimento do conhecimento? A reflexão sobre os guás pode ajudá-lo a fazer perguntas, a organizar prioridades e a recordar-se de valores.

Tire uma fotocópia do Ba-guá da Cozinha Feng Shui e coloque-o na porta da geladeira ou em outro lugar conveniente. Uma olhada enquanto você cozinha vai recordá-lo dos sabores e cores capazes de ajudá-lo a alcançar seus atuais níveis de energia; proporcionar um indício visual sobre como maximizar o ch'i do seu ambiente e do seu prato; e oferecer uma imagem concisa de questões e prioridades multidimensionais que operam em conjunto num todo unificado. O ba-guá é o retrato de uma vida equilibrada.

POR QUE SEGUIR O FENG SHUI NA ALIMENTAÇÃO?

A China contava com nutricionistas imperiais já no século IV a.C. O *Manual do Imperador Amarelo* descreve o diabetes em detalhes e vincula a sua incidência com hábitos alimentares. Perto de 200 d.C., os médicos conheciam doenças causadas por deficiências alimentares, como vemos no *Tesouro Sistemático da Medicina*, de Chang Chi. Os *Princípios da Dieta Correta*, de Hu Ssu-Hui, publicado em 1330, afirmava que "muitas enfermidades podem ser curadas simplesmente com o uso da alimentação". Nos nossos dias, os médicos chineses de maneira geral consideram a alimentação a primeira linha de tratamento das doenças, só se voltando para outros métodos depois de terem aproveitado de maneira plena o potencial de cura dos alimentos.

A tradição chinesa encontrava-se anos-luz à frente da cultura ocidental, em que as deficiências alimentares e as doenças vinculadas com a alimentação só foram reconhecidas séculos depois. A nutrição norte-americana se desenvolveu como ciência na virada do século XX, com a noção errônea de que a alimentação mais saudável privilegiava a proteína e a gordura! O governo norte-americano só conseguiu o lobby agroempresarial e mobilizar recursos científicos para divulgar diretrizes nutricionais na década de 1970, e a maioria dos americanos opta atualmente por restaurantes, comida pronta ou comida industrializada quando é hora de repor a energia essencial. Não admira o fato de costumarmos agir como criancinhas perdidas na floresta quando o assunto é cozer e comer —

nem que a China tenha uma taxa muito menor do que a nossa em termos de doenças vinculadas com a alimentação e com o estilo de vida.

Na China, o I Ching e sua teoria do equilíbrio entre o Yin e o Yang foram trazidos ao primeiro plano como um antídoto para os distúrbios do período dos Estados Guerreiros (circa 500-200 a.C.). Como as pessoas buscassem um sentido de vinculação com o ambiente e de centração em si mesmas a fim de obter uma orientação em meio ao caos, o princípio das energias em equilíbrio tornou-se mais do que um alívio temporário, assumindo o papel de sabedoria duradoura que apoiou e alimentou a civilização chinesa por mais de dois mil anos.

Hoje, no Ocidente, no momento em que a tecnologia reinventa a cada dia a nossa realidade, suprimem-se funções profissionais sem aviso, ao mesmo tempo que teorias nutricionistas e modas conflitantes levam, na melhor das hipóteses, à confusão e à doença, e mesmo à morte, na pior; pode-se dizer que vivemos o nosso período de Estados Guerreiros. Tal como as pessoas da época, temos necessidade de recuperar nossa ligação com a essência da nossa energia vital.

O Livro da Culinária Feng Shui vai proporcionar-lhe os instrumentos de que você precisa para encontrar essa energia vital na sua alimentação diária. Ele vai ajudá-lo a avaliar tanto sua natureza básica como seu equilíbrio Yin-Yang a qualquer momento dado, bem como a ingerir a deliciosa comida que vai elevar ao máximo o seu ch'i e corrigir quaisquer desequilíbrios energéticos. Você vai se acalmar com a maravilhosa Sopa de Batata-Doce com Gengibre quando estiver estressado... e receberá um influxo de energia do Filé Mignon Assado quando precisar de motivação e de máximo desempenho. Você poderá combater o desgaste com a energia Yin do Pudim Cremoso de Banana e Coco, ou alimentar o seu impulso criador com o Camarão Embebido em Vinho. E você pode passar pela experiência do equilíbrio e internalizá-lo com a perfeita harmonia de pratos como o Macarrão com Amendoim dos Cinco Elementos ou com a Fritada Mexida Flexível.

Talvez seja hora de libertar-se dos hábitos alimentícios rígidos que restringem os seus horizontes nutricionais e sensuais. Talvez os seus baixos níveis de energia estejam dizendo a você para livrar-se do arroz cozido na embalagem e lembrar-se da aparência, do gosto e da impressão que a comida dava antes de a tecnologia despojá-la da sua vitalidade. Ou talvez, como a maioria das pessoas, você deseje mais energia e menos *stress*, ter resultados correspondentes ao seu esforço, preparar-se para os desafios e mudanças da vida, e ajustar-se a eles, bem como dar a si mesmo aquilo de que de fato você precisa agora.

Quando se alimenta de acordo com o fluxo cotidiano da energia do Yin e do Yang — a necessidade mutante de agir ou refletir, de afirmar-se ou aceitar, de criar ou receber, de acelerar ou desacelerar —, você atinge a harmonia entre as exigências exteriores e suas necessidades interiores. Esse ato de restauração do equilíbrio promove a energia, a saúde, o sucesso, em uma palavra, o ch'i.

O uso deste livro pode aumentar imediatamente a sua prosperidade simplesmente ao reduzir seus gastos com a alimentação. Cozinhar em casa com ingredientes naturais é, de modo geral, mais econômico do que comprar comida pronta ou enlatada, sendo muito mais barato do que confiar em refeições para viagem ou restaurantes. E dentro de pouco tempo você vai se ver despendendo menos tempo e dinheiro com o médico, a farmácia ou as vitaminas. Os praticantes de medicina chinesa concordam que a comida de baixo teor nutritivo enfraquece o ch'i, e que, em contrapartida, o verdadeiro alimento, que equilibra a nossa constituição e a nossa atual dinâmica de vida, o fortalece, prevenindo doenças bem como a necessidade de tratamentos avulsos dos sintomas de desequilíbrio. Essa energia vital dota você de condições para alcançar um sucesso ainda maior em todos os seus empreendimentos.

Quer você queira divertir-se, alimentar a família ou comer sozinho, o casamento entre sabedoria antiga e alimentos frescos deste livro pode adicionar a todas as suas refeições bom gosto e vivacidade. O simples ato de reservar um tempo para cozinhar e alimentar-se com a milagrosa prodigalidade da natureza vai tornar você mais atento e apaixonado pelo processo do viver. Cuide daquilo que você procura para comer... e a boa sorte será sua.

O Ambiente Iluminado da Alimentação

I Ching — Hexagrama nº 5

Hsu — Nutrição

*Nuvens se elevam no céu:
a imagem da espera.
Assim o homem superior come e bebe,
permanece alegre e de bom humor.*

O feng shui afirma que os cômodos mais importantes da casa são o quarto, no qual você passa um terço da sua vida, e a cozinha, onde a preparação do alimento determina a saúde — e portanto o sucesso — de todos os ocupantes da casa.

Na casa, o bom feng shui se traduz como luz, ventilação, proporção e uma sensação de equilíbrio. Ao aplicar esses princípios à sua cozinha e à sua sala de jantar, você pode assegurar que o bom ch'i cerque os seus atos de cozinhar e comer, infundindo-se neles, o que faz com que você transforme toda refeição numa experiência tranqüila e energizante. À medida que devolver esses cômodos ao equilíbrio, você poderá sentir-se menos atraído por lanchonetes e ficará mais feliz por estar no coração da sua casa.

ORIENTE-SE

Você pensa mais em comer do que gostaria? Talvez seja porque você pode ver a cozinha de sua casa ao entrar pela porta da frente, algo que, de acordo com o feng shui, pode provocar um problema crônico com alimentação no seu cérebro. Isso pode estender-se igualmente aos seus convidados, que podem começar a aparecer famintos na sua casa com mais freqüência do que você gostaria. Rompa esse círculo visual-psicológico fechando a porta da cozinha ou pondo uma tela para impedir que a sua entrada seja vista quando você transpuser a porta da frente.

Se, por outro lado, o interior da sua cozinha lhe parecer tão estranho quanto a lua — se você se surpreender seguindo uma alimentação composta exclusivamente de *Pepperone* na pizzaria da esquina, em vez de aventurar-se nesse espaço estranho e proibido —, talvez a sua cozinha na verdade não "pertença" à casa. Cômodos situados diante da entrada principal — por exemplo, nas alas de uma estrutura em U com a porta da frente na parte côncava — dão antes a impressão de estar fora da casa do que de ser parte dela, desestimulando assim que você passe algum tempo neles. Se a sua cozinha ou sala de jantar estiverem afetadas por esse desalinhamento, você poderá não se sentir inclinado a fazer refeições em casa. A solução feng shui consiste em construir um cercado com portão ligado ao topo do

─────── O Ambiente Iluminado da Alimentação ─────── 29

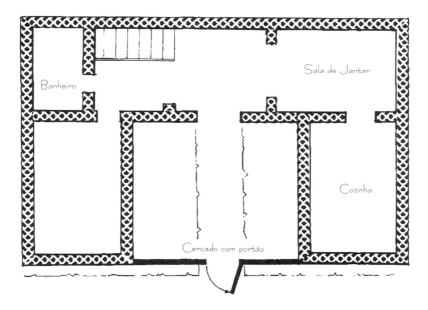

U, criar um pátio frontal que reintegre esses cômodos à sua casa e evitar o hábito inconsciente de comer fora. Ir demais a restaurantes pode acabar com o seu dinheiro e, potencialmente, com a sua saúde, bem como privá-lo do processo jubiloso e autonutridor de fazer a sua própria comida.

A melhor posição para a cozinha é o lado leste da casa, em que você pode saudar o sol matinal com seu café da manhã e preparar a refeição da noite sem o incômodo de uma luz muito forte. O melhor é evitar o lado nordeste e sudoeste da casa, considerados portas do demônio, em vez de lugar onde preparar a comida. O norte e o noroeste também não são favorecidos. Se você estiver ampliando a cozinha e criando uma projeção que vá além das linhas da casa, os cantos noroeste e sudeste são os mais promissores.

A cozinha e a sala de jantar devem ficar o mais perto possível uma da outra — algo que, além de ser auspicioso, torna mais fácil servir refeições e fazer a limpeza —, e as duas devem ser postas bem longe de todos os banheiros, em que a abundância representada pelo alimento pode ir por água abaixo.

A COZINHA

O Ponto Quente

No interior da cozinha, o feng shui considera o fogão o lugar mais importante. Símbolo da boa sorte, o fogão proporciona o fogo transformador que dá a ingredientes crus a forma de comida cozida, representando assim o potencial humano realizado quando o primeiro homem das cavernas dominou a força do fogo. O melhor é pôr o fogão numa parede sul — lar do seu elemento, o Fogo —, mas de maneira alguma coloque-o num canto morto, sem a luz e a ventilação que fazem o ch'i circular e tornam o ato de cozinhar agradável.

Evite colocar o fogão perto da pia ou do refrigerador, pois isso causa um conflito entre os elementos opostos do Fogo e da Água, ao mesmo tempo que o calor do fogão obriga o refrigerador a um trabalho mais difícil, aumentando a sua conta de luz. E assegure-se de que o cozinheiro possa ver a porta da cozinha enquanto está diante do fogão para evitar que ele seja surpreendido por pessoas que entrem no cômodo. Um cozinheiro nervoso pode arruinar a comida e, assim, a harmonia de toda a casa. Se não puder evitar cozinhar com as costas voltadas para a porta da cozinha, pendure um espelho ou uma frigideira, *wok* ou comum, acima do fogão para permitir essa vigilância. Esse reflexo também duplica simbolicamente a quantidade de alimento que está sendo cozida, o que conota riqueza e abundância.

Outras diretrizes feng shui para elevar ao máximo o ch'i do fogão, essa peça tão importante, incluem um sistema de exaustores de ótima qualidade, cujo funcionamento não seja prejudicado por armários baixos ou fornos de microondas. O melhor fogão é o alimentado por gás, que produz um Fogo real, ao contrário do seu análogo elétrico desnaturado, que torna mais fácil regular a temperatura enquanto você cozinha, o que é essencial para a obtenção de resultados bons e coerentes. Você deve fazer um rodízio do uso de queimadores para manter a boa sorte fluindo — e evitar o desgaste excessivo de apenas um deles. Uma tábua de cortar de Madeira perto do fogão proporciona ao Fogo um combustível perpétuo e facilita a transição da faca para a frigideira. E não se esqueça de pendurar um Deus da Cozinha acima do fogão para manter-se conectado com os céus.

O Deus da Cozinha: Os Olhos e Ouvidos do Céu

Não é por acaso que o deus chinês encarregado de todas as questões relativas ao lar tenha como sede a cozinha, o coração da casa. Na verdade, o Deus da Cozinha, em madeira ou papel, prefere ser pendurado acima do fogão — o ponto em que se origina o próprio ch'i da cozinha, além de constituir um excelente ponto de onde observar o que se passa ali. Você pode comprar um Deus da Cozinha para o seu fogão em lojas que importam produtos chineses, ou então fazer uma cópia desse desenho (a divindade apreciaria que você, entrementes, fizesse uma ampliação). O Deus da Cozinha apresenta aos céus um relatório anual das boas ações e das transgressões da família, sendo por isso uma boa idéia passar mel em seus lábios no Ano Novo (o vigésimo terceiro dia do décimo segundo mês do calendário lunar) a fim de garantir que as suas palavras sejam doces. E tome cuidado: o Deus da Cozinha é especialmente atento a transgressões românticas; assim, faça tudo para manter suas indiscrições fora da cozinha.

A Água e o Fluxo da Riqueza

A água está associada à prosperidade desde que os chineses se tornaram os primeiros plantadores de arroz, subsistindo com base numa das mais sedentas plantas do planeta. Alimento significa riqueza, e arroz precisa de água; assim, um suprimento de água amplo e em livre fluxo conota boa sorte na teoria feng shui.

Por essa razão, você deve manter a pia da cozinha — a fonte de água mais importante da casa — limpa e arrumada. Isso significa canos limpos, lava-louças em ordem e filtros sem detritos. Não deixe as torneiras vazando; o constante pinga-pinga joga seu dinheiro fora, de maneira

Posição Feng Shui da cozinha e da sala de jantar

mais direta na forma de contas de água mais altas. Uma parede norte, em que está a Água no ba-guá, é um bom lugar para a pia.

Luz

A melhor luz é a natural, motivo por que a cozinha feng shui, na sua melhor forma, tem janelas que iluminam o fogão, a pia e as prateleiras. O ofuscamento, no entanto, cria um sha ch'i desfavorável; por isso, se tiver uma janela voltada para o oeste, que permite o ofuscamento no final da tarde quando você mais provavelmente estará preparando o jantar, posicione a pia, o fogão e as tábuas de cortar de uma maneira que lhe permita não olhar diretamente para a janela, ou então instale uma boa persiana que permita a entrada de uma luz suave, filtrada.

Quanto à iluminação artificial, evite o brilho de lâmpadas fluorescentes e de lâmpadas amarelas expostas, cuja energia Yang excessiva pode ser exacerbada por paredes brancas refletoras, optando em vez disso por uma fonte suave mas forte, como a luz indireta.

Cores

O branco é a cor da pureza e da limpeza, e o feng shui é favorável ao seu uso nas paredes da cozinha. Branco também é a cor do Metal, que se submete ao Fogo no ciclo dos Cinco Elementos, o que permite que a força do fogão prevaleça nesse cômodo. Preferindo o branco como cor básica para a cozinha, você cria uma tela contra a qual os coloridos ingredientes usados no ato de cozinhar podem brilhar.

Cuidado com o excesso de vermelho na cozinha: a cor do Fogo pode combinar-se com o calor do fogão e criar um ambiente quente e incômodo. O preto, a cor da Água, também pode ser improdutivo porque busca extinguir o Fogo, perturbando seus esforços para cozinhar. Podem-se, no entanto, usar essas duas cores para dar ênfase a certos pontos.

Ângulos e Extremidades

Os ângulos e cantos agudos são considerados aceleradores e concentradores do ch'i, dirigindo-o como uma flecha para qualquer um que esteja no seu caminho, com efeitos prejudiciais. Na cozinha, evite todo ângulo agudo criado por paredes, móveis ou aparelhos que possam apontar para você enquanto você cozinha. Se um canto protuberante envia a você o mau ch'i enquanto você está na frente do fogão, suavize-o com um espelho ou com uma planta. Rearrume os móveis ou aparelhos como for necessário, e dê preferência a contornos suaves e arredondados.

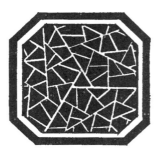

Vigas e traves expostas pendentes acima do fogão podem inibir sua oportunidade financeira, assim como fazer você se sentir apertado — para não falar do fato de que oferecem a oportunidade indesejada de bater a cabeça. Evite a claustrofobia com um espelho acima da cabeça ou alerte a sua cabeça para esse perigo pendurando na trave uma fita ou um sininho.

Bagunça

Na qualidade de centro da saúde, da prosperidade e da harmonia familiar, a cozinha deve estar limpa e desimpedida o tempo todo. A desordem impede o livre fluxo do ch'i e enlouquece o cozinheiro, muitas vezes num nível subconsciente que pode frustrar todo o empreendimento do cozinhar.

Para aprimorar o ch'i da sua cozinha, limpe seu refrigerador e seus armários, jogando fora comida velha e pratos, potes, frigideiras e aparelhos quebrados ou desgastados. Guarde os itens reservados a ocasiões especiais num local de pouco uso. Limpe as prateleiras, encontrando lugares permanentes para os itens que ali se aglomeram.

Quando chegar a hora de cozinhar, encontrar inspiração e orientação pode ser divertido, em vez de fonte de irritação e de *stress*. Assim, a boa organização das receitas é essencial. Considere a possibilidade de usar uma estantezinha na cozinha para seus livros de receitas. Mantenha as receitas soltas num arquivo e reveja-as todos os anos; jogue fora tudo o que você não tiver experimentado ou que, tendo experimentado, não achou bom.

A cozinha deve refletir uma sensação de amplitude, de ordem e de paz para que a comida que você preparar ali transmita essas qualidades às pessoas que a ingirirem. Uma limpeza anual da cozinha antes do relatório que o Deus da Cozinha apresenta aos céus no Ano Novo pode ajudar a manter equilibradas suas contas no céu, além de restaurar a sua alegria no processo cotidiano de alimentar a si e aos seus entes queridos.

A Aplicação do Ba-guá da Cozinha Feng Shui

Você gostaria que o seu parceiro se envolvesse mais com a cozinha? Consulte o Ba-guá da Cozinha Feng Shui e você vai ver que o canto sudoeste é a área da parceria desse cômodo, e você pode ativar sua energia decorando-o em vermelho, rosa ou branco. Ou talvez você goste de pedir mais ajuda da família ou dos amigos; experimente destaques em branco, cinza ou preto no guá dos mentores, no noroeste.

Para fazer a sintonia fina do ch'i da sua cozinha com suas necessidades, use o Ba-guá da Cozinha Feng Shui para determinar a orientação das qualidades que você busca, e promova a parte do cômodo correspondente com as cores e elementos apropriados. Por exemplo, toda cozinha deve ter uma planta verde no leste, que é onde a Madeira, a energia da família e a saúde residem. Você também está aplicando o Ba-guá da Cozinha Feng Shui quando coloca o seu fogão no guá do Fogo, o sul, ou quando põe a pia no guá da Água, o norte, para aumentar o fluxo de dinheiro em suas mãos.

A SALA DE JANTAR

Mesa e Cadeiras

Você gostaria de jantar no céu ou na terra? Uma mesa de jantar redonda significa o céu — e facilita a partilha do alimento e a conversa — enquanto a associação com a terra de uma mesa quadrada faz desta uma forma menos inspiradora. A mesa deve ocupar o centro da sala, contando com boa iluminação e ventilação para que seja assegurado o fluxo do ch'i.

As cadeiras devem ser em número de quatro, de seis ou de oito. Números pares representam sorte, enquanto um número ímpar implica solidão. Cadeiras vazias podem fazer você sentir falta de amigos ou parentes. Por isso, retire todas as cadeiras não ocupadas. Ponha as cadeiras de modo tal que ninguém fique sentado de costas para a porta ou de frente para um canto ou parede fechados.

Luz

Tal como no caso da cozinha, é desejável ter na sala de jantar o máximo de luz natural que o ritmo sazonal do sol permite. Uma parede com janelas é ideal para introduzir luz na sala. Ponha um espelho na parede oposta às janelas a fim de atrair o bom ch'i e refleti-lo sobre a mesa, duplicando-o e abençoando a sua comida. Não deixe o espelho terminar na altura do topo da cabeça dos comensais; as implicações negativas disso são evidentes.

As velas podem dar um toque especial a toda refeição noturna. Se você estiver enfatizando a energia Yin para fins de relaxamento, umas poucas velas bem protegidas serão suficientes. Mas se você prefere estimular o Yang, tente grupos de velas organizados em espelhos e em bandejas com superfícies que criem reflexos.

Cores

Na sala de jantar, use o vermelho para a boa sorte, o ouro para a fortuna e plantas para encorajar o aumento do ch'i. Muitos restaurantes chineses põem aquários no salão porque tanto a água como o peixe que nela nada simbolizam a riqueza. Por outro lado, peixe na água é também uma metáfora chinesa para o prazer sexual; assim, pense bem na possibilidade de pôr aquários na sala de jantar.

Você pode decorar a mesa para reforçar as cores elementais da comida que ingerir ou para representar toda a paleta de cores feng shui — o verde, o vermelho, o amarelo, o branco e o preto. Use toalhas de mesa, guardanapos, pratos, flores, velas e peças de centro para combinar as cores que sirvam às suas necessidades atuais. Por exemplo, você poderá querer evitar muito vermelho, a cor do Fogo, quando tenta se acalmar depois de um dia cansativo; prefira em vez disso acentuar a cor da Terra, o amarelo (bem como os dourados e marrons). Guarde suas toalhas vermelhas para estimular uma festa animada ou celebrar um evento afortunado.

Você vai aprender mais sobre as diferentes propriedades dos Cinco Elementos e suas cores na parte intitulada "A Alimentação Feng Shui".

Alguns Outros Detalhes

Vigas ou traves sobre a mesa da sala de jantar não são desejáveis. Quem quer pensar no peso do mundo — ou ao menos da casa — enquanto janta? Se possível, ponha a mesa numa posição que a deixe livre de forças opressoras como essas; se não for possível fazer isso, um espelho colocado acima da cabeça pode aliviar a carga. Evite igualmente cantos agudos que lançam setas de ch'i ruim nos comensais durante o jantar.

Para atrair bênçãos, boa sorte e a promessa de novas oportunidades para as suas refeições, espalhe cevada ou trigo na cozinha e na sala de jantar, lançando-os de baixo para cima. Isso pode ser um bom purificador quando alguma refeição passa por problemas — alguma coisa queimada, um comensal com problemas ou um incidente infeliz qualquer.

Você pode ajudar a tornar suas refeições uma fonte de união e bem-estar da família pondo uma planta numa parede leste para ativar a Madeira, o elemento da família e da saúde. E lembre-se de que a sala de jantar não é lugar de papéis, de livros, de eletrodomésticos ou de outros bloqueadores do ch'i. Mais do que em todos os outros cômodos da casa, a atmosfera da sala de jantar deve ser de paz e de harmonia.

ALIMENTE-SE COM SABEDORIA

Para assegurar no ambiente da cozinha e das refeições o melhor ch'i, faça uma avaliação pessoal da sua cozinha e da sua sala de jantar. Que sensações elas lhe provocam?

Quando você vai cozinhar, você o faz com um sentido de aventura e de expectativa ou se sente irritado por não haver horas suficientes no dia e porque leva cinco minutos para tirar uma frigideira do armário atravancado com um monte de outras coisas em cima dela? A cozinha feng shui deve facilitar o processo do cozinhar, dar asas à sua criatividade e fazer você se sentir profundamente à vontade.

Sente-se no lugar em que costuma comer. O que você vê daí? Uma porção de contas não pagas na mesa da correspondência? A bagunça que as crianças fazem na sala? Reorganize o cômodo e a mesa de modo a ver pela janela uma paisagem interessante, ou a visualizar uma bela obra de arte ou então outro cômodo bem-cuidado que lhe agrade.

Se você descobrir que a sua cozinha está atraindo membros da família e convidados, seus esforços para produzir um bom feng shui nesse lugar tiveram sucesso. Se a sua sala de jantar estimular você a comer devagar, em paz e com alegria, você terá estabelecido o fluxo correto de ch'i ambiental. E agora você está pronto para comer a fim de obter a energia essencial.

A Alimentação Feng Shui

I Ching — Hexagrama nº 50

Ting — O Caldeirão

*O caldeirão.
Suprema boa fortuna.
Sucesso.*

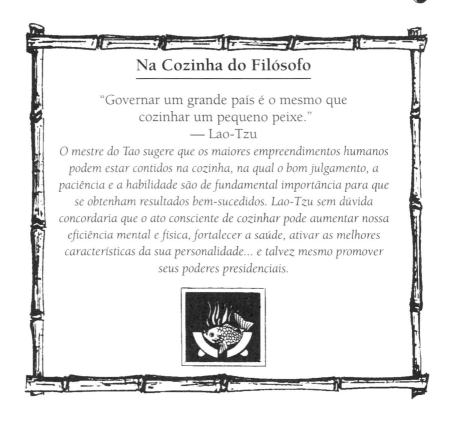

Na Cozinha do Filósofo

"Governar um grande país é o mesmo que cozinhar um pequeno peixe."
— Lao-Tzu

O mestre do Tao sugere que os maiores empreendimentos humanos podem estar contidos na cozinha, na qual o bom julgamento, a paciência e a habilidade são de fundamental importância para que se obtenham resultados bem-sucedidos. Lao-Tzu sem dúvida concordaria que o ato consciente de cozinhar pode aumentar nossa eficiência mental e física, fortalecer a saúde, ativar as melhores características da sua personalidade... e talvez mesmo promover seus poderes presidenciais.

Muitos mestres do feng shui dizem que a sua prática é um cruzamento entre uma ciência e uma arte. O mesmo afirmam muitos cozinheiros.

O propósito do feng shui é ter acesso aos recursos e forças da terra, um dos quais é a comida. Em termos biológicos simples, comida é energia física. Porém, da mesma maneira como há diferenças qualitativas nos níveis de energia — você pode se sentir ativo ou nervoso, calmo ou fatigado —, assim também a natureza essencial dos vários alimentos que você ingere pode criar diferentes tipos de ch'i. Controlando e canalizando as energias do alimento tal como os mestres feng shui fazem com as forças do vento e da água, você pode reequilibrar a sua mente e o seu corpo e alcançar o auge da energia essencial a cada refeição que fizer.

O YIN E O YANG

O Yin e o Yang são as forças opostas em equilíbrio dinâmico que impelem o feng shui, o I Ching e toda a filosofia chinesa tradicional. A inter-relação e mútua dependência do Yin escuro e do Yang claro estão representadas no símbolo clássico aqui reproduzido.

A energia Yang abrange todas as coisas sólidas, fortes, afirmativas, incoativas, masculinas. Imagens do fogo brilhante, do sol, do exterior e do superior demonstram como a energia Yang é potente e expansiva. O Yang torna toda a energia e todo o poder do céu disponíveis para a sua iniciativa e progresso. Ele ajuda você a liderar, a agir, a impelir, a mudar. Realizar o Yang é *fazer*.

O Yin é o princípio equilibrador do Yang. O Yin representa a água, a lua, o inferior, o interior, o feminino, o escuro, o suave, o úmido. É a terra sob o céu, a escuridão iluminada pela luz, o espaço aberto, um ouvido ocupado com a conversa. A energia Yin proporciona terreno fértil aos impulsos incoativos do universo. Ela permite que você dê assistência, siga, complete, ouça, renuncie aos planos estabelecidos e receba respostas. O Yin dissemina a sua atividade de alimentação em termos de dinheiro, de maneira que o poder vem às suas mãos abertas. Realizar o Yin é *existir*.

Com base na idéia de que o universo é dual por natureza, o feng shui acredita que Yin e Yang ressoam juntos. Quando o Yin encontra o Yin ou o Yang encontra o Yang, ou quando um desses tipos de energia domina, podem ocorrer choques e conflitos.

A medicina chinesa afirma que você pode equilibrar a sua energia Yin-Yang com o alimento que você come. Quando você tem energia Yin aquosa em demasia — quando você está frio, paralisado ou esgotado —, alimentos Yang podem esquentá-lo e fazê-lo retomar o ritmo anterior. Se você estiver quente, seco ou congestionado, o que indica um excesso de energia Yang ígnea, alimentos Yin podem acalmá-lo e ajudá-lo a relaxar. O primeiro passo é avaliar o seu próprio equilíbrio de energia Yin-Yang. Então você vai descobrir de que alimentos precisa para se reequilibrar.

Yin e Yang: Os Opostos se Atraem

O Yin é	O Yang é
Subordinado	Superior
Feminino	Masculino
Água	Fogo
Lua	Sol
Escuro	Claro
Suave	Sólido
Frio	Quente
Úmido	Seco
Inferior, interior	Superior, exterior
Influenciável, submisso, reativo, receptivo, sensível, aberto, seguidor	Forte, afirmativo, dotado de autoridade, dotado de iniciativa, aberto, em expansão, em mudança
Ser	Fazer

A Auto-Avaliação Yin-Yang

Essas listas de verificação (ver páginas **45-46**) avaliam as características físicas, emocionais e de personalidade que determinam o equilíbrio Yin-Yang do seu ch'i. Marque cada item que se aplica a você e faça a soma de cada marca em cada um dos conjuntos. Faça um círculo ao redor do escore mais alto de cada par Yin-Yang (frio-quente, úmido-seco e desgastado-congestionado). O resultado é seu perfil Yin-Yang tridimensional. Some agora, no sentido horizontal, os seus escores, a fim de descobrir se é o Yin ou o Yang que domina o seu ch'i.

Você pode entender o teste de duas maneiras diferentes, avaliando:

Sua Constituição Responda às perguntas de acordo com *a maneira como você costuma se sentir*. Esse é o seu equilíbrio Yin-Yang essencial, de base, que pode ajudar a orientar suas escolhas de alimentos em geral.

A Alimentação Feng Shui

Seu Atual Equilíbrio Energético Responda às perguntas de acordo com *a maneira como você se sente agora*. Esses resultados avaliam sua resposta atual à mudança em andamento em sua vida, servindo para ajudá-lo a escolher o cardápio do dia. O *stress* pode aquecer você, enquanto a estagnação na sua vida pode levá-lo a ter sintomas de congestão. O resfriado provavelmente o tornará quente e seco, mas um surto de depressão pode fazê-lo sentir-se frio e desgastado. O verão deixa a maioria das pessoas mais quente e mais seca, e o inverno traz a umidade e os arrepios. Quando você fica louco com alguém, tem uma dor de cabeça causada por tensão ou ficou tempo demais tomando sol, está com excesso de Yang. A falta de energia, de idéias e de motivação indica um excesso de Yin.

Observe que, embora o Yin se associe a atributos femininos e o Yang a atributos masculinos, eles são conceitos arquetípicos que não se vinculam especificamente com o seu sexo. Um homem pode ser ou se sentir Yin, assim como uma mulher pode estar bastante carregada de energia Yang. Seja qual for o seu sexo, o feng shui recomenda que se equilibrem os dois!

Fotocopie esse teste para poder reavaliar seu atual equilíbrio de energia quando você desejar.

O Yin, o Yang e os Alimentos

É provável que você concorde que os tipos de energia dos alimentos diferem entre si. A carne vermelha e o vinho tinto, por exemplo, parecem quentes, fortes, masculinos — Yang. Você vai encontrar esses ingredientes no prato Yang Filé Mignon Assado com Molho de Cogumelo Silvestre. Os alimentos Yang como esse, segundo se pensa, criam calor interior e estimulam a circulação.

Por outro lado, alimentos leves, moles parecem frios, femininos, domesticados — Yin. Pense em sucos de frutas e legumes, leite, ovos e tofu. Os alimentos Yin esfriam você.

A depender das suas necessidades e das atuais metas que você pretende alcançar em termos de energia, você pode escolher alimentos Yin, alimentos Yang ou um equilíbrio harmonioso dos dois tipos, tal como uma fritada mexida de carne Yang, de vegetais Yin e de arroz, que é neutro.

Você provavelmente conhece a sensação de bem-estar que se segue à ingestão de uma refeição adequada ao seu atual estado mental e físico. O gosto era excelente, assentou muito bem no estômago e deixou você satisfeito e energizado. Se você tem essa sensação de vez em quando, mas não com freqüência, não deve estar fazendo equivaler os alimentos que ingere aos estados variáveis de sua própria energia. As receitas deste livro são organizadas em termos de efeitos Yin, Yang ou equilibradas a fim de ajudá-lo a corrigir desequilíbrios que você descobrir em sua avaliação Yin-Yang e a fazer equivaler a qualidade da sua energia às necessidades do seu dia ou noite.

Da mesma maneira como o Yin e o Yang são forças opostas que mantêm o mundo em equilíbrio, as receitas deste livro se baseiam num princípio de equilíbrio em que nenhum alimento é proibido. Enquanto um déficit de Yang pode exigir a riqueza de um bife e de uma sobremesa de chocolate escuro, você pode ajustar uma quantidade muito pequena de Yin com a pureza do Tofu Frio com Cebola Branca e Óleo de Gergelim ou com a Salada de Talharim com Pecíolo de Arroz. As receitas recorrem a toda a gama de ingredientes que a natureza proporciona para que nos elevemos acima da confusão relacionada com alimentos "certos" e "errados", celebrando em vez disso o equilíbrio e a alimentação holística da mente, do corpo e do espírito.

Na verdade, a cultura chinesa é uma das poucas que não comportam tabus alimentares específicos. Enquanto os religiosos judeus proíbem a carne de porco, os muçulmanos o vinho e a carne de porco, e os hindus o bife — e a maioria dos ocidentais encara com horror um prato de carne de cavalo ou de cobra ou de pé de pato —, os chineses comem alegremente qualquer coisa. Essa alegria inerente ao comer e essa crença nos benefícios de toda a abundância da natureza podem estar no cerne da boa saúde nutricional característica da cultura chinesa.

Da mesma maneira, os chineses conseguiram um excelente equilíbrio dietético sem contar os gramas de gordura nem ficar avaliando numericamente o valor nutritivo dos alimentos, algo em que confiamos (sem sucesso) no Ocidente. Com efeito, a abordagem holística chinesa da saúde é bem o inverso disso. Em vez de decompor os alimentos em números que não representam a energia, nem a essência ou o sabor — todos eles constituintes do seu poder nutritivo —, enfatizam-se a sensibilidade à fome e a manutenção do equilíbrio com a ingestão de todos os alimentos. No sentido de regime de perda de peso, sequer existe a palavra *dieta* no idioma chinês. Em lugar disso, há a filosofia de que, se comer uma ampla variedade de alimentos, de acordo com os princípios do equilíbrio e do contraste, você vai alimentar naturalmente o seu ch'i e manter a boa saúde. A baixa taxa de obesidade na China indica que isso funciona — especialmente se você seguir o ditado tradicional segundo o qual é preciso parar de comer antes de encher por inteiro a barriga, a fim de deixar sempre algum espaço no estômago para o ch'i.

Provavelmente, não é por acaso que as taxas de obesidade e de consumo *per capita* de calorias nos Estados Unidos tenham, uma e outra, aumentado desde que se tornaram disponíveis informações sobre os hábitos alimentares do país, incluindo tudo, de água engarrafada a chocolate. *O Livro da Culinária Feng Shui* sugere que você deixe essa matemática da comida de lado, coma de acordo com suas necessidades de energia, deixe um espacinho no estômago para acomodar o seu ch'i e goze da vitalidade natural de um corpo e de uma mente sãos.

Auto-Avaliação Yin-Yang — YIN

Frio	*Úmido*	*Desgastado*
Esfria-se facilmente ou está frio agora	Sente-se letárgico e pesado em geral ou hoje	Fadiga, crônica ou hoje
Pressão baixa, metabolismo lento ou circulação ruim	Não gosta de ambientes úmidos ou tem neste momento a sensação de estar num ambiente úmido	Emocionalmente sensível, em geral ou hoje
Acomoda-se com facilidade aos eventos e à opinião alheia ou está se sentindo assim hoje	A pele e os cabelos estão oleosos ou com uma sensação de umidade	Perturbado pelo barulho
Fisicamente calmo, em vez de agitado, agora ou de modo geral	Sem sede, agora ou em geral	Sente-se desmotivado ou deprimido, em geral ou hoje
Anseia por alimentos picantes e quentes e bebidas fortes	Anseia por alimentos secos	Anseia por comidas e bebidas de gosto acentuado ou diversificado
Total (0-5) _____	Total (0-5) _____	Total (0-5) _____

Auto-Avaliação Yin-Yang — YANG

Quente	Seco	Congestionado
Incomodado com o calor ou se sente quente agora	Pele, cabelos ou boca seca, em geral ou agora	Inquietação
Ativo e cheio de energia, em geral, ou está com energia extra hoje	Incomoda-se com o vento ou com o tempo seco	*Stress*, sensações de pressão interior
Opiniões e confiança fortes	Irrita-se com facilidade ou está irritadiço hoje	Digestão difícil, constipação ou gases — em termos crônicos ou agora
Pavio curto, agora ou em geral	Com sede, agora ou de modo geral	Nervosismo ou insônia, em geral ou hoje
Anseia por comidas e bebidas frias	Anseia por alimentos de sabor acentuado, suculentos ou oleosos	Anseio por comidas e bebidas simples
Total (0-5) _____	Total (0-5) _____	Total (0-5) _____

Seu total **Yin** (Frio + Úmido + Desgastado, 0-15) = _____
Seu total **Yang** (Quente + Seco + Congestionado, 0-15) = _____
Resultados são (marque 1) para **Constituição**___ Atual Equilíbrio Energético___

A Natureza Essencial da Comida

A tabela (na página 48) mostra alguns exemplos das energias Yin e Yang essenciais de certos alimentos.

De maneira mais geral, você pode avaliar a natureza Yin-Yang dos alimentos levando em conta sua categoria e método de preparação (veja a tabela "A Natureza Essencial do Alimento: Do Mais Frio ao Mais Quente" na página 49).

Como a comida é Yin ou Yang a depender da pessoa que a come e com relação a outros alimentos, sendo ainda afetada pela cor e pelo método de preparação, o modelo de classificação é altamente interativo. Por exemplo, caranguejo e frango são considerados frios ainda que aves domésticas e frutos do mar sejam de modo geral quentes. Também parece intuitivamente correto que a solha, peixe delicado de carne branca, seja mais frio do que o atum, que é escuro e oleoso, bem como que o bife seja mais quente do que o frango. A sopa quente é considerada um prato que esfria, por causa de toda a água Yin que contém; o sushi é Yin porque é comido cru, mas o peixe cozido é com freqüência Yang. Os legumes são de modo geral Yin, mas os brócolos, dada a parte masculina da planta, têm mais energia Yang do que a berinjela, fêmea, ou os tomates. Embora o inhame seja neutro na natureza, sua cor, que tende para o alaranjado, é associada à terra e à energia Yin. Mas se você é frio, a ingestão de inhame grelhado com manteiga e gengibre pode aquecê-lo significativamente.

A relatividade do Yin e do Yang é ilustrada por uma analogia feng shui. O teto de uma casa é Yang (acima) com relação ao chão, porém Yin (embaixo) com relação ao céu.

Segundo essa concepção, o equilíbrio nunca está num lugar determinado. Não há um dado alimento ou combinação de elementos que prometam um bom ch'i. Em vez disso, à medida que alimenta a sua força vital mediante o ato de cozinhar e comer, você marca múltiplos pontos em termos do equilíbrio que harmoniza a dinâmica da sua vida interior, das circunstâncias externas e do momento no qual você se encontra.

Desequilíbrio Voluntário

Às vezes, o equilíbrio não é a sua meta imediata. Quando você precisa de energia ativa extra para uma apresentação ou um negócio importante, é oportuno reunir toda a energia Yang de que puder dispor. Ou talvez você queira ficar bastante calmo e tranqüilo para recuperar-se de um dia estressante ou para meditar. Nesse caso, você deve ficar o mais Yin que puder.

No caso de objetivos específicos como esses, examine a relação de atributos Yin e Yang da página 42, decida que grupo de características busca no momento e escolha receitas dessa categoria. Por exemplo, experimente:
- Um almoço Yin, como Salada de Talharim com Pecíolo de Arroz para combater o *stress*.
- Um almoço Yang, como Grão-de-Bico Rápido ao Curry para se preparar para uma noite produtiva.

O Yin e o Yang dos Alimentos

Yang (Morno-Quente)	Neutro	Yin (Esfriado-Frio)
Carnes vermelhas Álcool e vinho Café Chocolate Gengibre Manteiga Camarão Nozes Pimentas vermelhas Canela, cravo, noz-moscada, pimentas e a maioria dos condimentos	Carne de porco Leite Batata-doce Amendoim Arroz Figos Cenouras Mel	Caranguejo Frango Pepino Sementes de gergelim Algas Água ou caldo Maçã Laranja Manga Sorvete, iogurte gelado

- Um jantar Yin, como Solha Escaldada na Toranja com Molho de Agrião para relaxar depois de um dia cheio.
- Um jantar Yang, como o Churrasco de Costela de Vitela com Pimenta Dedo-de-moça e Mel para restaurar a máquina depois de ficar muito tempo sentado à escrivaninha.

Uma vez que suas metas sejam alcançadas, diz a recomendação da medicina chinesa que você deve voltar a uma condição de equilíbrio para proteger-se do desgaste advindo do excesso prolongado.

Outra maneira de usar as propriedades Yin-Yang dos alimentos para conseguir saúde e o bom ch'i naturais é a manutenção de um equilíbrio permanente. Se você come Yang no almoço, mantenha o jantar do lado Yin. Uma semana de alimentação Yin — saladas e coisas simples, frias — pode deixar você doido por coisas Yang: vá em frente e coma aquele bife ou alguma coisa bem condimentada ou frita. Crie refeições balanceadas combinando um prato Yin com um Yang, ou então use as receitas classificadas como equilibradas.

A Natureza Essencial do Alimento: Do Mais Frio ao Mais Quente

Tipo de Alimento	Método de Preparação
MAIS FRIO	MAIS FRIO
↓ Frutas moles, suculentas	↓ Cru, fresco
↓ Frutas mais crespas e mais duras	↓ Cru, desidratado
	↓ Vapor
↓ Hortaliças que não são raízes	↓ Refogado
↓ Hortaliças que são raízes	↓ Cozido
↓ Grãos	↓ Frito
↓ Sementes	↓ Assado
↓ Nozes	↓ Grelhado
↓ Legumes	MAIS QUENTE
↓ Leite, queijo, ovos	
↓ Frutos do mar, aves domésticas, carne de boi	
MAIS QUENTE	

A COMIDA E OS CINCO ELEMENTOS

Se o Yin e o Yang são os pais do feng shui e da medicina chinesa, os Cinco Elementos são suas tias e tios. Cada um dos Cinco Elementos — Madeira, Fogo, Terra, Metal e Água — vem da interação entre Yin e Yang, sendo dotado de características e poderes particulares. Na verdade, os Cinco Elementos são essencialmente a maneira pela qual os chineses explicam as diferenças entre coisas, situações, estações, emoções e pessoas. Na opinião dos chineses, cada pessoa possui proporções variáveis dos elementos, havendo em geral um dominante. E você pode manipular seu equilíbrio elemental por meio dos alimentos.

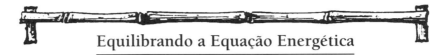

Equilibrando a Equação Energética

Yang: Esquente	Yin: Esfrie
• Escolha carne ou camarão em vez de frango ou peixe, ou frango ou peixe em vez de uma refeição vegetariana, ou grãos e batatas em vez de simplesmente hortaliças.	• Prefira frango ou frutos do mar a carne, ou grãos ou batatas a frangos ou frutos do mar... ou, melhor ainda, tome sopa e coma salada.
• Tempere os alimentos com pimentas vermelhas, gengibre fresco, outras pimentas, alecrim, manjericão ou temperos secos, como gengibre desidratado ou noz-moscada.	• Dê uma parada com uma fatia de melancia ou laranja frescas.
	• Faça uma xícara de chá verde. Pare e não faça coisa alguma enquanto o tomar.
• Comece seu dia com uma omeleta, uma compota de peras e amoras silvestres no gengibre e uma xícara de café.	• Dê a si mesmo o prazer do iogurte gelado.
• Desanuvie a cabeça com uma xícara de chá de gengibre fresco ou de ginseng.	• Faça uma salada umidificante de brotos de bambu, castanhas e pepino.
• Ponha um pouco de sementes de girassol ou de nozes (que se acredita que promovem a força da mente) em qualquer coisa que você esteja comendo.	• Evite alimentos fritos ou picantes, café, chocolate e álcool.

Os Cinco Elementos

Características	Proporção na Personalidade	Emoção	Corpo e Ch'i	Dinâmica
MADEIRA (Áspero/Verde)				
Benevolência, lealdade, perdão.	*Equilíbrio*: atento, reflexivo; você toma suas próprias decisões. *Excesso*: inflexível e preconceituoso. *Deficiência*: excessivamente maleável.	Raiva	Purificador, agregador, concentra ch'i; tonifica os nervos; bom para o fígado. O *excesso* causa cólicas e dor.	Família e saúde. Ativa e em desenvolvimento, primavera, raiar do dia.
FOGO (Amargo/Vermelho)				
Sabedoria, razão, etiqueta.	*Equilíbrio*: agressivo; sua raiva é justificada pelos seus princípios e pela lógica. *Excesso*: pavio curto, fala em voz alta, não segue a razão, crítico. *Deficiência*: tende a ter pena de si mesmo, é fraco, não se afirma.	Alegria	Tende a secar, fortalece, desintoxica; descarrega o ch'i negativo; bom para o coração e para o sangue. O *excesso* dissipa o ch'i e a umidade.	Sucesso. Produtividade máxima, verão, meio-dia.
TERRA (Doce-Brando/Amarelo-Laranja, Marrom)				
Honestidade, fé.	*Equilíbrio*: honesto, digno de confiança, prestativo. *Excesso*: conservador, rígido, tende ao auto-sacrifício. *Deficiência*: desleixado, egoísta, procrastinador, oportunista.	Maravilhamento, Meditação	Harmonizador, nutridor, tende a expandir, a relaxar, a umedecer; suplementa o ch'i e reduz o seu ritmo; bom para o baço. O *excesso* produz congestão e calor.	Equilíbrio Yin-Yang, transição.

Os Cinco Elementos

Características	Proporção na Personalidade	Emoção	Corpo e Ch'i	Dinâmica
METAL (Quente-Condimentado/Branco)				
Retidão.	*Equilíbrio*: independente, pessoa de princípios, capaz de criticar o erro sem excesso. *Excesso*: exige muito de si, é fofoqueiro, crítico, argumentador, ressentido. *Deficiência*: abertamente cuidadoso, dá uma impressão de distância e arrogância.	Tristeza, depressão.	Estimulante, dispersivo; acelera a circulação do ch'i e do sangue; alivia a estagnação; bom para os pulmões. O excesso exaure o ch'i e o sangue.	Filhos. Relaxante ou recuperador, outono, pôr-do-sol.
ÁGUA (Salgado/Preto)				
Em movimento — motivação e contatos sociais. Parada — clareza mental.	*Equilíbrio*: em movimento — forte, franco e bem-relacionado; parada — compreensão inata. *Excesso*: em movimento — imprevisível mas atraente; parada — conhecimento puro e intuição essencial. *Deficiência*: em movimento — tímido, tende ao isolamento; parada — visão limitada, sistemático.	Medo.	Suavizante, densificador, concentrador; dissolve o ch'i congelado; suplementa o sangue e a essência; bom para os rins. O excesso congela o sangue e a essência.	Carreira. Máximo repouso, inverno, meia-noite.

Medicina Nutricional Chinesa

A prática da medicina nutricional chinesa é tão complexa quanto antiga. Baseada no Yin e no Yang, nos Cinco Elementos e em vários parâmetros de disfunção corporal, a terapia nutricional é uma parte importante da medicina chinesa tradicional, sendo necessária a consulta pessoal com um médico especializado para que se implementem todas as nuanças do sistema. Além de levar ao máximo de saúde por meio das propriedades dos alimentos consumidos no dia-a-dia, a medicina nutricional chinesa recorre ainda a ervas, que podem ser tomadas na forma de pílula, em infusão em chás ou cozidas. Por exemplo, no restaurante Snake King, de Hong Kong, os comensais podem pedir sopas medicinais, feitas de cobras venenosas, se quiserem, ou frango com castanhas frescas, ou então uma sopa de tartaruga e pés de galinha que é considerada boa para o Yin — tudo com as ervas corretas para curar qualquer mal que o aflija. Há toda uma farmacologia de sopas de ervas terapêuticas voltadas para suplementar e harmonizar, descongestionar, secar, umedecer e aquecer cada um dos Cinco Elementos. A maioria das pessoas precisa adaptar-se ao gosto dessas sopas, já que podem, no início, estranhar.

Receitas para essa medicação baseada em ervas foram catalogadas na China já no século XVI, quando Li Shi-jen coligiu mais de doze mil fórmulas. Hoje, as vendas de suplementos baseados em ervas nos Estados Unidos estão alcançando altos níveis, e os especialistas concordam que as ervas podem ser um tratamento eficaz para problemas como resfriados e gripes, perda da memória de curto prazo, insônia, enxaqueca e problemas digestivos. Para mais informações sobre a medicina e a herbologia chinesas, veja "Recomendações de Leitura" na página 233.

No cozimento, as forças dos Cinco Elementos são ativadas pelos alimentos cuja cor está associada com esses elementos, bem como pelos Cinco Sabores correlatos: doce, ácido, salgado, amargo e quente. A harmonia e o equilíbrio entre esses sabores são a marca de uma boa receita e considerados necessários à boa saúde. O vínculo de cada sabor e de cada cor com um elemento específico dá-lhe um certo poder sobre o corpo e a mente. Se gosta muito de doces, você ficará feliz em saber que a doçura é uma força harmonizadora!

A tabela chamada "Os Cinco Elementos" nas páginas 51-52 resume o efeito dos Cinco Elementos sobre a sua personalidade, as suas emoções e o seu corpo, bem como o que pode acontecer quando eles se desequilibram.

Quando come um alimento associado a um elemento específico, você torna presente a energia desse elemento na sua mente, no seu corpo e no seu ch'i. Esses alimentos também ajudam você a sentir e a expressar as emoções associadas a cada elemento. Assim, quer você busque uma característica essencial, uma correção de atitude, uma sensação física ou emocional ou um tipo particular de energia, os alimentos dos Cinco Elementos podem promover a sintonia fina da sua alimentação com relação às suas necessidades.

Além dos sabores e cores que evocam os poderes dos Cinco Elementos, há também uma carne, um grão, uma fruta e uma hortaliça associados a cada elemento. Segue-se uma lista de alimentos e receitas recomendados para ter acesso à energia de um elemento particular.

MADEIRA

Carne: frango ou aves domésticas
Grão: trigo
Fruta: pêra
Hortaliça: malva

Alimentos verdes ou ácidos:
Brócolos com uma pitada de lima
Vinagre
Limão
Lima
Todas as hortaliças verdes

Receitas da Madeira

Salada de Aspargos, Espinafre e Shiitake com Tempero de Miso
Solha Escaldada na Toranja com Molho de Agrião
Torta de Lima
Enrolado de Frango Mu Shu
Wontons de Carne de Porco e Camarão com Pesto Cilantro
Salada de Talharim com Pecíolo de Arroz
Refresco de Tamarindo com Cubos de Lima

FOGO

Carne: cordeiro
Grão: painço pegajoso
Fruta: ameixa
Hortaliça: verdes, ásperas
Alimentos vermelhos ou amargos:
Beterrabas
Pimentas vermelhas
Tomates
Camarão, lagosta
Brotos de mostarda
Rabanete
Raiz-forte
Nabo
Pepino
Arugula (uma espécie de couve)
Melão amargo
Chicória vermelha
Vinho tinto

Receitas do Fogo

Frango e Daikon ao Molho de Vinho Tinto
Filé Mignon Assado com Molho de Cogumelo Silvestre e Batatas Amassadas em Arugula
Filé Mignon Assado com Molho de Cogumelo Silvestre e Batatas Amassadas em Arugula
Salada de Lentilha Animada
Atum Apimentado com Molho de Wasabi
Salmão ao Ponto com Manteiga de Raiz-Forte

TERRA

Carne: bife
Grão: painço
Fruta: damasco
Hortaliça: cebola branca
Alimentos amarelos (laranja, marrons) ou doces:
Açafrão, curry
Batatas-doces, inhames

Abóbora
Cenouras
Amendoins
Casca de laranja
Ovos
Mel
Açúcar

Receitas da Terra

Sopa de Batata-Doce com Gengibre
Inhame com Recheio de Abacaxi e Presunto
Tortas de Tofu com Chá Verde
Filés de Cordeiro com Molho de Amendoim
Tofu Refogado na Laranja
Abóbora Recheada

METAL

Carne: cavalo
Grão: arroz
Fruta: castanha
Hortaliça: cebola
Alimentos brancos ou picantes:
Arroz branco
Soja, tofu
Peito de peru, peito de frango
Peixes brancos, mariscos
Clara de ovo
Chá de crisântemo

Feijão branco
Leite, creme de leite, iogurte, coalhada
Repolho
Bok choy (traduz-se como "legume branco")
Jicama
Pimentas vermelhas
Gengibre
Grãos de pimenta, grão da pimenta Szechwan
Sementes de mostarda

Receitas do Metal

Canja para Resfriado
Óleo de Pimenta Dedo-de-moça
Salada de Caranguejo e Pepino
Martínis Pacífico
Frango Picante ao Gergelim
Salada de Repolho Branco-Quente

(Felizmente, muitas pessoas gostam de comidas picantes, já que a maioria de nós provavelmente não vai conseguir sua dose de Metal ingerindo carne de cavalo!)

ÁGUA

Carne: porco
Grão: feijões ou ervilhas
Fruta: tâmara
Hortaliça: alho-poró
Alimentos negros ou salgados:
Feijão preto
Molho de feijão preto fermentado

Pimenta preta
Azeitona preta
Massa ao caldo de lula
Cogumelos pretos
Molho de soja
Molho de peixe
Sal

Receitas da Água

Peito de Frango com Recheio de Feijão Preto
Sopa Miso
Pombinhos Sensuais
Tacos de Thai
Salada Yin-Yang

As receitas do *Livro da Culinária Feng Shui* descrevem as propriedades elementais de cada prato a fim de ajudar você a avaliar as qualidades particulares de cada um deles. Por exemplo, tente uma dose de energia da Água com o Peito de Frango com Recheio de Feijão Preto quando estiver em busca de contatos sociais ou de avanços na carreira — ou precisa enfrentar o medo envolvido em sua busca.

O uso dos Cinco Elementos como uma paleta de cores para a sua culinária tem também uma vantagem em termos de saúde. De maneira geral, quanto mais colorida é a sua comida, tanto mais nutrientes ela contém, e o esquema cromático dos elementos do feng shui ajuda a garantir que você ingira alimentos de alto teor nutritivo numa variedade mais ampla. Um inhame laranja da Terra, o espinafre verde da Madeira, alguns doces e morangos vermelhos do Fogo, o tofu branco do Metal, os feijões pretos da Água — todos esses superalimentos, além de proporcionar uma boa nutrição, garantem a sua longevidade ao ativarem forças elementais nas receitas.

O Ciclo da Criação dos Cinco Elementos

Além de suas características individuais, os Cinco Elementos trabalham juntos em ciclos de criação e destruição que advêm da interação de suas propriedades.

O feng shui procura maximizar a energia produtiva entre os elementos ao combinar no ciclo da criação os elementos que se apóiam mutuamente. Por exemplo, a Madeira alimenta o Fogo, o Fogo cria uma nova Terra mediante a produção das cinzas, a Terra protege o Metal na forma do minério sob a sua crosta, o Metal cria Água através da condensação e a Água alimenta a Madeira e a faz crescer.

Você vai encontrar nas receitas de *O Livro da Culinária Feng Shui* segmentos do ciclo da criação (também chamado Ciclo da Criação), que adicionam energia auspiciosa ao prato para nutrir melhor o seu ch'i.

MOVIMENTO E ESTAÇÕES

A comida também se *move* — para cima, para baixo, para dentro e para fora. Um alimento voltado para dentro e pesado como a alface vai até o centro do nosso corpo e alimenta nossos órgãos internos. Alimentos voltados para fora e leves como a pimenta se movimentam na direção da superfície do corpo e o estimulam a eliminar impurezas por meio do suor. O leite sobe para energizar o corpo superior, enquanto as maçãs descem para se contrapor a problemas ascendentes como a tosse e a asma.

A natureza Yin ou Yang dos alimentos se combina com a direção que o movimento deles segue para determinar a sua estação, ou o período do ano em que eles mais beneficiarão você. Sua alimentação pode facilitar transições sazonais a fim de ajudar você a passar de uma estação a outra sem os resfriados nem os desequilíbrios de energia que as mudanças de tempo podem trazer.

A *primavera* anuncia a época em que o seu ch'i deve começar a ir para cima, como uma planta em germinação. **Manjar de Ovos e Ostras** é um prato que traz alimentos ascendentes, como ovos, ostras, cenouras e aipos para dar um empurrãozinho que faça a sua energia ir ao céu.

O *verão* exige pratos frios voltados para cima e para fora, a fim de lançar sua energia para a superfície, eliminar as toxinas e evitar a preguiça típica dessa estação. O **Gazpacho de Uvas Verdes** faz o trabalho com as uvas, que o levam para cima, e a pimenta verde, o gengibre desidratado e a pimenta branca, que são voltados para fora, esfriados pelo refrigerador e pelo Yin da lima ácida.

No *outono*, você deseja atrair a sua energia de volta para baixo, como se arasse um campo ao contrário, o que você faz com um prato como a quente **Moussaka Reconstituinte**. O cordeiro celebra tradicionalmente o primeiro dia do outono, sendo considerado reconstituinte, enquanto os cogumelos e a berinjela fazem sua energia baixar a fim de prepará-lo para o inverno vindouro.

É mais fácil enfrentar os rigores do *inverno* mediante o uso de alimentos quentes voltados para dentro. O **Pato Assado ao Sal com Repolho Refogado na Cerveja** aquece você com riqueza e sabor, enquanto o lúpulo e o sal concentram o seu ch'i interior a fim de mantê-lo fortalecido e aquecido por todo o período em que a terra, adormecida, repousa. O frescor do gengibre adiciona proteção contra o vento, a umidade e o frio, enquanto o alho é um agente antibacteriano que combate as infecções e os mal-estares que o tempo invernal pode trazer.

Você também pode querer experimentar a **Canja para Resfriado** quando alguma mudança de tempo brindar você com um vírus.

O Cozinhar Consciente

O feng shui tem todo o respeito pela natureza, buscando sempre proteger, e nunca esgotar, o ambiente. Da mesma maneira, a ingestão de alimentos produzidos de acordo com a natureza é um importante passo rumo ao equilíbrio do seu ch'i. Procure ingredientes frescos, produzidos no lugar em que você mora, e orgânicos, que sejam ambientalmente amigáveis e não contenham aditivos nem conservantes. Sempre que puder, evite comida enlatada e processada. Depois de experimentar a rápida simplicidade de um lanche rápido natural como o Tofu Frio com Cebola Branca e Óleo de Gergelim, talvez você nunca mais volte às alternativas inimigas da energia.

O caractere chinês para *fresco* também significa "gostoso" quando usado no contexto da comida. Essa equiparação do frescor com o gosto bom é outro benefício da maneira chinesa de comer: os alimentos frescos são simplesmente os mais deliciosos.

Outro fato lingüístico revela o modo como os chineses vêem o alimento: na China, avalia-se um prato com base no gosto, na fragrância, na cor e num termo intraduzível que designa uma qualidade que permite que a pessoa prove o significado que se oculta sob a comida. *O Livro da Culinária Feng Shui* pretende conduzi-lo a esse lugar intraduzível em que a comida certa pode ter um impacto importante e positivo na sua vida — além de ser bela, aromática e deliciosa!

O mais importante aspecto da cozinha feng shui é que você se entregue por inteiro ao momento. Comece a praticar a cozinha dos cinco sentidos:

- **Olhe.** Além de ajudá-lo a ler rótulos e trabalhar com mais segurança ao usar facas, seus olhos podem dizer-lhe como o seu prato está saindo. Muitas coisas brilham quando estão prontas para passar ao próximo estágio — por exemplo, pimentas perfeitamente refogadas, que dizem "Olhe para mim! Estou pronta!"
- **Escute.** A comida fala. Um chiado rápido e irado diz que o refogado está ressecando. Estalos e estouros na grelha são os bifes pedindo para você virá-los.
- **Cheire.** A maioria dos alimentos tem um cheiro mais compatível com eles mesmos quando terminamos de cozê-los e eles estão prontos para serem ingeridos — é o caso do alho, dos cogumelos, dos tomates e da carne de boi.
- **Toque.** Apalpe delicadamente as frutas e hortaliças para ver se as frutas estão maduras ou se as hortaliças estão frescas. A carne e o peixe ficam firmes quando tocados depois de cozidos; os legumes e os amidos ficam suaves. Muitas pessoas consideram a sensação tátil de manusear alimentos uma das maiores alegrias da cozinha.
- **Prove.** Nada como a própria língua para saber se a receita vai bem. Os grandes cozinheiros concordam num ponto: provar enquanto se cozinha é essencial ao sucesso. Assim, na dúvida, prove.

Com os sentidos em forma, volte-se para dentro de si mesmo. Suas percepções do processo do cozimento e da ingestão de alimentos podem influenciar o efeito dessas ações sobre o seu ch'i, e uma atitude mental positiva pode aprimorar o valor nutritivo da sua comida tanto para a mente como para o corpo. Você considera importante o tempo passado na cozinha e à mesa? Tranqüilo? Divertido? Um prazer para os sentidos? Você parabeniza suas realizações estéticas e vê com carinho o processo doador de vida de nutrir a si e aos outros? Esses são os tipos de pensamentos e intenções que traduzem ingredientes em comida em benefício de sua energia vital.

Se, por outro lado, você sentir pressa, *stress* ou ressentimento enquanto cozinha ou come, o mais saudável prato pode drenar a sua energia. Por isso, é fundamental que a qualidade da sua comida equivalha à qualidade da sua energia no dia em que você a ingere. Não coma a Moussaka Reconstituinte quando estiver irritado e não dispuser de tempo: a cozinha quente e a qualidade aquecedora do prato só vão deixar você pior, contrapondo-se às qualidades nutritivas do alimento. Deixe esse prato para um dia em que quiser relaxar e aquecer a casa com um delicioso aroma picante. Agora, busque a paz com alguma coisa fria e simples como a Salada de Caranguejo e Pepino.

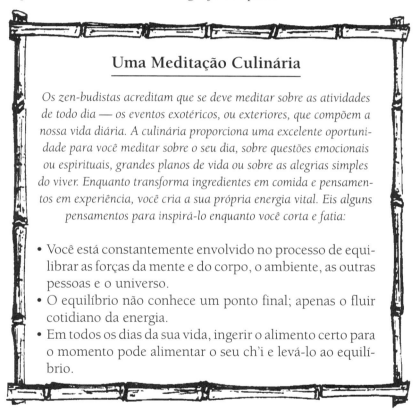

Uma Meditação Culinária

Os zen-budistas acreditam que se deve meditar sobre as atividades de todo dia — os eventos exotéricos, ou exteriores, que compõem a nossa vida diária. A culinária proporciona uma excelente oportunidade para você meditar sobre o seu dia, sobre questões emocionais ou espirituais, grandes planos de vida ou sobre as alegrias simples do viver. Enquanto transforma ingredientes em comida e pensamentos em experiência, você cria a sua própria energia vital. Eis alguns pensamentos para inspirá-lo enquanto você corta e fatia:

- Você está constantemente envolvido no processo de equilibrar as forças da mente e do corpo, o ambiente, as outras pessoas e o universo.
- O equilíbrio não conhece um ponto final; apenas o fluir cotidiano da energia.
- Em todos os dias da sua vida, ingerir o alimento certo para o momento pode alimentar o seu ch'i e levá-lo ao equilíbrio.

O elevado grau de respeito que os chineses devotam ao *ting* — caldeirão cerimonial sagrado em que a comida é apresentada nos banquetes e no templo dos ancestrais — demonstra a importância fundamental do cozinhar e do comer corretos numa vida bem-vivida. O *ting* simboliza a assunção do novo e, assim como se considera que a madeira do fogo alimenta o espírito, assim também o caldeirão permite a transformação do alimento na renovação nutridora por meio do cozimento. Como é usado para alimentar tanto as pessoas como os deuses, o caldeirão representa a interligação, mediante a comida, do humano com o divino. O I Ching diz:

> O fogo sobre a madeira:
> A imagem do caldeirão.
> Assim o homem superior consolida o seu destino,
> Corrigindo sua posição.

PARTE II:

Receitas

Faça as suas escolhas entre as receitas Yin, Yang e equilibradas a seguir para corrigir a sua energia, alcançar objetivos de curto prazo como recuperar as energias ou relaxar, ou então para ativar as forças mentais, fisiológicas e comportamentais dos Cinco Elementos. Pouco importa que tipo de energia você prefere; em todos os casos, você vai fruir dos benefícios e prazeres advindos do nutrir a si mesmo com alimentos frescos e deliciosos.

Você pode querer consultar o Ba-guá da Cozinha Feng Shui, que está na página 19, para se lembrar, quando ler as observações que acompanham cada receita e organizar o seu prato feng shui. Na página 231 há uma relação de receitas de acordo com a natureza essencial de cada uma.

Sopas
Canja para Resfriado	*equilibrada*
Sopa de Batata-Doce com Gengibre	*yin*
Gazpacho de Uvas Verdes	*yin*
Sopa de Miso	*yin*
Sopa para Emagrecer	*equilibrada*

Saladas e Temperos
Salada de Aspargos, Espinafre e Shiitake com Tempero de Miso	*yin*
Salada de Vieira Quente com Feijão Verde e Amêndoas	*equilibrada*
Óleo de Pimenta Dedo-de-moça	*yang*
Salada de Frango Chinesa	*equilibrada*
Salada de Caranguejo e Pepino	*yin*
Mangas Picantes	*equilibrada*
Salada de Lentilha Apimentada	*equilibrada*
Salada de Talharim com Pecíolo de Arroz	*yin*
Salada de Frango Rubi	*yin*
Salada Suave com Vinagrete de Laranja e Sálvia	*yin*
Empadas de Tomate com Abacate e Creme	*yin*

Salada de Repolho Branco-Quente	yang
Salada Yin-Yang	equilibrada
Bebidas	
Chá de Gengibre Fresco	yang
Martínis Pacíficos	yang
Refresco de Tamarindo com Cubos de Lima	yin
Pratos Principais	
Peito de Frango com Recheio de Feijão Preto	yang
Gravatinhas com Brócolos	equilibrada
Frango e Daikon ao Molho de Vinho Tinto	yang
Costela de Leitão com Pimenta Dedo-de-moça e Mel	yang
Tofu Frio com Cebola Branca e Óleo de Gergelim	yin
Risoto de Camarão com Coco	equilibrada
Caranguejo com Beurre Brun de Gengibre	equilibrada
Camarão Embebido em Vinho	yang
Torta de Berinjela, Tomate e Queijo de Cabra	yin
Filé Mignon Assado com Molho de Cogumelo Silvestre e Batatas Amassadas em Arugula	yang
Macarrão com Amendoim Cinco Elementos	equilibrada
Fritada Mexida Flexível	equilibrada
Tempura du Jour	yang
Tacos de Thai	yang
Sobremesas	
Pudim de Creme de Coco e Banana	yin
Parfait Balsâmico	yin
Brownies Escuros	yang
Sundaes de Fogo e Gelo	equilibrada
Bolo de Amêndoas Temperado	yang
Tortas de Tofu com Chá Verde	yin
Torta de Lima	yin
Solha Escaldada na Toranja com Molho de Agrião	yin
Sanduíche de Tofu Grelhado	equilibrada
Filés de Cordeiro com Molho de Amendoim	yang
Moussaka Reconstituinte	yang
Berinjela Miso	yin
Enrolado de Frango Mu Shu	equilibrada
Tofu Refogado na Laranja	yin
Manjar de Ovos e Ostras	equilibrada
Atum Apimentado com Molho de Wasabi	yang
Inhame com Recheio de Abacaxi e Presunto	equilibrada
Wontons de Carne de Porco e Camarão com Pesto Cilantro	equilibrada
Grão-de-Bico Rápido ao Curry	yang
Bacalhau com Pele ao Saquê com Molho de Ponzu	yang
Pato Assado ao Sal com Repolho Refogado na Cerveja	yang
Salmão ao Ponto com Manteiga de Raiz-Forte	yang
Pombinhos Sensuais	yang
Talharim com Carne de Porco ao Gergelim	equilibrada
Travessa de Talharim com Soba	yin
Frango Picante ao Gergelim	yang
Massa ao Caldo de Lula com Lula Fresca e Ervas	equilibrada
Abóbora Recheada	yin
Tartare de Salmão	yin

Sopas

CANJA PARA RESFRIADO

EQUILIBRADA

Caldo
1 galeto de 1,5 a 2 quilos
4 cravos inteiros
3 cebolas pequenas sem casca
3 cenouras sem casca e sem folhas divididas em quatro
6 dentes de alho sem casca e ligeiramente amassados com o lado chato de uma faca
1 gengibre fresco de 2,5 centímetros, sem casca, cortado em rodelas e ligeiramente amassado com o lado chato de uma faca
10 grãos de pimenta
1 colher de chá de sal
12 xícaras (3 litros) de água

Sopa
1-2 colheres de sopa de alho picado
1-2 colheres de sopa de gengibre fresco picado
2 pimentas dedo-de-moça sem sementes e picadas
4 cebolas brancas, em fatias
Sal e pimentão fresco a gosto

1. Para fazer o caldo: limpe o frango por dentro e por fora e ponha-o numa panela grande com o pescoço e a moela.
2. Ponha os cravos numa das cebolas; corte as outras em quatro. Ponha as cebolas, as cenouras, o alho, o gengibre, a pimenta, o sal e a água

na panela. Cubra e leve para ferver. Descubra, reduza o fogo, remova a espuma e cozinhe por um período de uma a uma hora e meia, retirando a espuma de vez em quando.
3. Retire o frango e deixe esfriar. Reduza o caldo em fogo brando a dois litros, o que leva mais uma hora. Deixe esfriar e refrigere até congelar a gordura ou então deixe no refrigerador de um dia para o outro.
4. Retire a pele do frango e jogue fora. Corte a carne. Cubra e leve ao refrigerador.
5. Para fazer a sopa, retire a gordura de cima do caldo. Leve-o para ferver com o alho picado e o gengibre, as pimentas e as cebolas brancas. Acrescente a carne, ponha em fogo brando e cozinhe-a por mais cinco minutos. Tempere com sal e pimenta a gosto. Sirva bem quente.

Serve de seis a oito porções.

A Essência do Prato
A medicina chinesa recomenda a ingestão de bastante líquido quando se tem resfriado ou gripe a fim de dar ao corpo um descanso aos desafios da digestão pesada. Os líquidos também reidratam as membranas mucosas, criando um ambiente hostil aos vírus. E é possível que o melhor líquido que se possa ingerir quando se está doente seja a velha canja, que tem cientificamente comprovada sua reputação tradicional de panacéia, com a recente identificação das cisteínas, aminoácidos que diluem o muco para ajudá-lo a respirar melhor, bem como de um composto semelhante a uma droga prescrita para doenças respiratórias, em caldos de galinha. Os chineses também sustentam que o caldo alimenta o sangue e a essência. Essa canja acrescenta a carne de frango ao composto líquido, porque ela é de fácil digestão e promove de várias maneiras a imunidade. A proteína proporciona os aminoácidos que constituem os blocos básicos das células do sistema imunológico, e a carne é rica em ferro — que também alimenta as células do sistema imunológico — e em vitaminas D, que ajudam essas células a se dividir e permitem a síntese de anticorpos.

Há também um complemento total de remédios naturais contra os resfriados. O composto antibacteriano do alho, a alicina, fez do bulbo um combatente favorito contra os invasores desde tempos imemoriais, além de se acreditar que o gengibre não só tenha propriedades semelhantes como seja capaz de ajudar a digestão no seu sistema enfraquecido. As pimentas e as cebolas brancas dão a sua contribuição em vitamina C, além de as pimentas agirem como descongestionante e expectorante, ajudando-o a tossir e a jogar fora todas essas coisas ruins. Além disso, esses quatro ingredientes trazem em si um intenso calor Yang para expulsar os germes do seu corpo! Mas não se preocupe: o efeito refrescante e umidificante do caldo impede você de se superaquecer febrilmente.

Opções e Oportunidades
Encaremos a realidade: esta é uma receita boa para quando você tem alguém cuidando de você enquanto está resfriado. Se não for agraciado com um anjo da guarda desejoso de labutar com as panelas, ponha 4 a 6 pedaços de peito de frango sem pele e sem ossos em 8 xícaras (2 litros) de caldo de galinha pronto. Remova a carne, corte-a e depois siga a receita a partir do passo 5.

Ponha o alho e o gengibre a gosto. Quanto maior a quantidade, mais forte o remédio contra o resfriado; mas estômagos doentes podem ser sensíveis. Do mesmo modo, você pode aumentar ou diminuir o calor ajustando a quantidade de pimenta. Molho de pimenta asiático pode substituir pimentas frescas — ou então ponha apenas um pouquinho mais se de fato quiser provocar suor para expulsar os germes! Se preferir uma sopa mais rala, separe um pouco da carne para outro uso.

Complementos
Quando os primeiros sintomas aparecerem, mobilize o seu exército de células do sistema imunológico passando um dia inteiro à base de sopa, suco de laranja e chá de gengibre fresco. Para melhores resultados, vá tomando a sopa aos pouquinhos, ao longo de um período de meia hora (requentando de acordo com a necessidade) para permitir que os seus benefícios em termos de cura se façam sentir.

Sopa de Batata-Doce com Gengibre   Yin

- 1 colher de sopa de manteiga sem sal
- 2 alhos-poró, só a parte branca, cortados em metades verticalmente, limpos e em fatias finas
- 1 colher de chá de gengibre fresco picado
- 3 xícaras (750 ml) de batatas-doces (ou inhames) descascadas e cortadas (cerca de 400 g ou 1 grande)
- 3 xícaras e meia de água (875 ml)
- 1/2 a 1 colher de chá de sal
- 3/4 de xícara (180 ml) de leite
- 1/2 colher de chá de gengibre desidratado
- 1 flor de noz-moscada
- Pimenta branca a gosto

1. Derreta a manteiga numa panela de sopa em fogo de médio a baixo. Acrescente os alhos-poró e misture, agregando um pouco de água se começarem a secar, até que fiquem macios porém não moles, por cerca de 15 minutos. Junte o gengibre fresco e cozinhe por mais ou menos 1 minuto até que o cheiro fique agradável. Acrescente as batatas-doces, a água e o sal, aumente o fogo e leve à fervura. Reduza o fogo, cubra parcialmente a panela e cozinhe por um período de 20 a 30 minutos até que as batatas estejam no ponto.
2. Bata a sopa num processador de alimentos. Ponha numa panela limpa e jogue o leite dentro. Tempere a gosto com o gengibre desidratado, a flor de noz-moscada, a pimenta branca e o sal. Reaqueça até que comece a ferver, retire do fogo, deixe esfriar, cubra e leve ao refrigerador por 4 ou mais horas.

    Serve quatro porções.

A Essência do Prato
Os chineses consideram todas as sopas umidificantes e refrescantes — Yin — e a Sopa de Batata-Doce com Gengibre, feita ao estilo de Vichy e

servida fria, traz o fluxo delicado e acomodador do Yin. A cor alaranjada e os açúcares naturais das batatas-doces pertencem à Terra, o elemento harmonizador que representa o equilíbrio perfeito e alimenta o seu lado generoso e voltado para a meditação. Fria e suave, essa sopa refresca e relaxa o seu ch'i.

Enquanto isso, o seu corpo aproveita a superdose de vitamina E, um importante antioxidante e promotor do sistema imunológico, e a vitamina A, que além de antioxidante ajuda a manter sua pele saudável e úmida, das batatas-doces. E embora a sopa tenha um excelente gosto e seja cremosa, cada porção contém apenas 5 gramas de gordura.

O Superalimento Promotor do Ch'i: o Gengibre

O gengibre fresco se faz presente em toda a culinária asiática, o que não causa admiração: essa versátil raiz ajuda em cada passo do processo da alimentação, do estímulo ao apetite ao auxílio à digestão e ao alívio da náusea. Depois que suas propriedades antibacterianas tiverem expulsado o seu resfriado, o gengibre pode aquecer igualmente outros apetites seus, com seu alegado poder afrodisíaco. A essência calorosa do gengibre também traz o equilíbrio a comidas Yin frias, permitindo-lhe aproveitar a energia relaxante destas sem se preocupar em ficar frio ou úmido demais.

Opções e Oportunidades

O alho-poró é areento, e nada destrói a energia Yin mais rapidamente do que areia na sopa. Limpe-o tirando as raízes e as folhas verdes, cortando-o verticalmente pela metade e lavando bem sob água corrente, abrindo as camadas para retirar a sujeira.

Se não tiver flor de noz-moscada, use o grão da própria.

Se quiser, guarneça cada tigela de sopa com uma camada de creme azedo ou de iogurte e um pouco de cebolinha fresca em pedacinhos.

Complementos

Faça um lanche frio e elegante com a sopa de batata-doce com gengibre, uma salada de folhas verdes do primeiro corte com vinagrete com óleo de nozes e torta de lima forte.

O Prato Feng Shui

Na tigela, a sopa se concentra naturalmente no lugar que corresponde ao elemento Terra.

GAZPACHO DE UVAS VERDES   YIN—VERÃO

450 gramas de uvas verdes sem sementes
  2 pepinos descascados, sem sementes e cortados em pedaços
  1 pimentão verde, sem sementes e cortado em pedaços
1/2 cebola cortada em pedaços grossos
  2 colheres de sopa de cilantro fresco cortado
  1 colher de sopa de vinagre de vinho branco
  3 colheres de sopa de suco de lima fresco
1/4 de colher de chá de gengibre desidratado
1/4 de colher de chá de pimenta branca
1/4 de colher de chá de sal ou a gosto

1. Ponha as uvas, os pepinos e o pimentão verde e a cebola no processador de alimentos e bata. Agregue os ingredientes restantes e processe até ficar líquido (mesmo assim, a sopa ainda terá pedaços grandes). Ajuste o tempero a gosto.
2. Esfrie por várias horas antes de servir.

   Serve quatro porções.

A Essência do Prato
O verão requer alimentos voltados para cima e para fora a fim de esfriar o corpo, desintoxicar os tecidos, fazer circular o sangue e o ch'i e manter você ativo no calor. Com as uvas movendo-se para cima e o pimentão verde, o gengibre desidratado e a pimenta branca movendo-se para fora, o Gazpacho de Uvas Verdes oferece a energia cardíaca de que você precisa para passar sem problemas o verão, enquanto a Madeira da cor verde e do suco de lima azedo purifica e concentra o seu ch'i. Além disso, a sopa não é cozida, não tem gordura e é rápida, qualidades sempre bem-vindas nos lentos dias preguiçosos de verão.

Opções e Oportunidades
Se você anseia por provar a energia circulatória do Metal, acrescente uma pimenta cortada grosseiramente quando bater os primeiros ingredientes.

Complementos
Para uma refeição que sai do refrigerador diretamente para a mesa, experimente servir este Gazpacho como entrada e, como prato principal, a Torta de Berinjela, Tomate e Queijo de Cabra ou o Tofu Frio com Cebola Branca e Óleo de Gergelim. Trata-se também de um começo equilibrador para todo prato yang — seu gosto é parecido com o da salada Margarita.

Sopa de Miso

Yin

- 2 folhas de nori (alga japonesa)
- 1 litro de água
- 1 colher de sopa de dashi instantâneo (caldo de sopa japonês)
- 1/4 de xícara (60 ml) de massa de miso amarela
- 400 gramas de tofu suave em tabletes, seco e cortado em cubos de 1,25 cm
- 2 colheres de chá de molho de soja
- 1/4 de xícara (60 ml) de cebolas brancas finamente fatiadas

1. Ponha uma frigideira seca no fogo de médio para alto e toste cada folha de nori até ficar crocante e de um verde vívido, de 30 segundos a 1 minuto por lado. Usando tesouras, corte fatias de 4 cm de comprimento.
2. Numa panela média, ferva a água. Agregue o dashi e baixe o fogo.
3. Ponha a massa de miso numa tigelinha e misture mais ou menos 60 ml do dashi quente até conseguir uma massa uniforme. Acrescente a mistura de miso à panela.
4. Volte a ferver a sopa em fogo brando, adicione o nori e cozinhe por 1 minuto.
5. Adicione o tofu e o molho de soja, leve para ferver em fogo brando e cozinhe por 2 ou 3 minutos mais.
6. Despeje a sopa em tigelas e espalhe as fatias de cebola branca.

Serve quatro porções.

A Essência do Prato

Esta sopa simples e nutritiva proporciona os saudáveis benefícios da soja e das algas associados a um atrativo suave, quente e agradável. Os japoneses consideram esta sopa tão essencial que até a tomam no café da manhã. O extrato de algas que vai no dashi é, além de muito Yin, uma excelente fonte de vitaminas. O miso amarelo doce adiciona energia da Terra para suplementar o seu ch'i e curar o seu baço; o ciclo elemental da criação continua com o Metal (o tofu branco) e a Água (a soja com sal e o dashi).

Opções e Oportunidades
Esteja alerta para o fato de que muitas misturas do dashi contêm MSG* (um derivativo natural das algas que é parte da base do caldo). Se for sensível ao MSG ou não encontrar dashi, não o use e substitua a água por caldo de legumes, de galinha ou de carne. Do mesmo modo, se for difícil encontrar o nori, deixe-o de fora. Em ambos os casos, você não vai ter o tradicional gosto marinho da receita, mas ainda pode aproveitar o gosto forte doce do miso nesta preparação saudável e versátil.

Esta versão é espessa graças ao tofu; se a preferir mais rala, reduza a quantidade dele.

Complementos
Esta sopa é uma excelente entrada quando se serve qualquer outra receita Yin, podendo também ser servida como aperitivo a um prato Yang para obter uma refeição equilibrada. Ou então aproveite para ingeri-la sozinha como uma refeição leve e de baixo nível de gordura!

---

* MSG: glutamato monossódico ou glutamato de sódio.

SOPA PARA EMAGRECER

EQUILIBRADA

1/2 xícara (125 ml) de cevadinha
1 xícara (250 ml) de água
1 cebola picada
3 dentes de alho cortados em pedacinhos
1 colher de sopa (15 ml) de gengibre fresco picado
1 cenoura, sem pele e cortada
1 pastinaca, sem pele e cortada
1 rutabaga (nabo sueco), sem pele e cortada
1 alho-poró, só a parte branca, partida em metades no sentido vertical, bem lavado e picado
2 xícaras (500 ml) de repolho finamente fatiado
7 xícaras (1,7 litro) de caldo de galinha ou de legumes
1/4 de colher de chá de noz-moscada desidratada
1/8 de colher de chá de pimenta caiena ou mais, a gosto
1/4-1/2 colher de chá de sal
Pimentão fresco

1. Mergulhe a cevadinha na água durante 6 horas ou de um dia para o outro.
2. Misture a cebola, o alho, o gengibre, a cenoura, a pastinaca, a rutabaga, o alho-poró e o repolho numa grande panela. Acrescente o caldo de galinha, deixe ferver, e reduza o fogo. Cubra parcialmente e cozinhe durante meia hora.
3. Adicione a cevadinha e a água em que ela ficou e continue a cozinhar, por mais 20 a 25 minutos, até ela ficar tenra.
4. Misture a noz-moscada, a pimenta caiena, o sal e o pimentão a gosto.

Serve de quatro a cinco porções.

A Perda de Peso e o Ch'i

A medicina chinesa afirma que táticas extremas de perda de peso como o jejum, as dietas líquidas e os supressores do apetite prejudicam o baço, órgão em que a energia dos alimentos é convertida em ch'i, o que torna o controle do peso ainda mais difícil. Os médicos chineses recomendam a alternativa de dar atenção ao equilíbrio Yin-Yang da sua alimentação e adaptá-la às suas próprias necessidades de energia, o que vai lhe permitir a produção de uma mudança gradual e, em seguida, a manutenção de um peso estável. E não se esqueça da força que é deixar no estômago algum espaço para o ch'i!

A Essência do Prato
Os médicos nutricionistas chineses recomendam a ingestão de sopa quando se tenta reduzir o peso, e este prato forte, cheio de raízes de sabor sofisticado, tem tudo o que você precisa para emagrecer. Os carboidratos complexos dos legumes e da cevadinha proporcionam satisfação e energia, enquanto suas fibras satisfazem a fome. O repolho dá mais substância e traz importantes vitaminas para manter o seu bem-estar. A cevada não só fortalece o baço e previne o câncer, como é um diurético brando que ajuda você a se desintoxicar. O líquido da sopa leva consigo as toxinas criadas ao queimar gordura e mantém seu estômago cheio. E a pimenta caiena? Ela proporciona um toque de calor aromático capaz de acelerar seu metabolismo por até 3 horas depois da refeição! Contendo apenas 166 calorias e 1 grama de gordura para cada porção generosa de 2 xícaras (500 ml), a Sopa para Emagrecer não só satisfaz como desgasta seus depósitos de gordura.

Opções e Oportunidades
Para uma sopa ainda mais deliciosa, use o caldo caseiro da Canja para Resfriado em vez de caldo pronto. Ponha um pedacinho extra de pimenta caiena para incrementar essa queima metabólica!

Complementos

Na primeira semana de regime, comece todos os dias com um café da manhã leve, por exemplo, cereais com leite e frutas. Almoce uma tigela grande e fervente de Sopa para Emagrecer. No jantar, prefira peixe ou peito de frango sem pele grelhados e legumes (veja também receitas de baixo teor calórico como Tartare de Salmão, Tofu Grelhado e Bacalhau com Pele ao Saquê com Molho de Ponzu. Tome muita água e muito chá.

Saladas e Temperos

SALADA DE ASPARGOS, ESPINAFRE E SHIITAKE COM TEMPERO DE MISO — YIN

450 gramas de aspargos, lavados, e com as extremidades duras retiradas
1 colher de sopa de óleo de amendoim
85 gramas de cogumelos shiitake, lavados, sem raízes e cortados em pedaços de 1/2 cm de espessura
1 cebola branca picada
170 gramas de espinafre fresco, sem raízes, bem lavado e seco

O Tempero de Miso
4 colheres de chá de mostarda de Dijon
2 gemas de ovo
2 colheres de sopa de massa de miso amarela
1 colher de sopa de óleo de soja
1 colher de sopa de suco de limão fresco
1 colher de sopa de vinagre de arroz
1 colher de sopa de óleo de amendoim
Sal e pimenta branca a gosto

1. Leve uma panela grande de água salgada para ferver. Ponha os aspargos e cozinhe até amolecer, cerca de 6 a 8 minutos. Retire a água e lave com água fria. Ponha no refrigerador até a hora de servir.
2. Faça o tempero de miso: numa pequena tigela ou xícara de medir, jogue juntos a mostarda e as gemas de ovo. Vá adicionando cada um

dos ingredientes na ordem em que aparecem. Tempere a gosto com sal e pimenta. Cubra e leve ao refrigerador até a hora de servir.
3. Na hora de servir, aqueça 1 colher de sopa de óleo de amendoim numa pequena frigideira antiaderente em fogo de médio a alto. Adicione os shiitakes e a cebola picada e refogue, mexendo, até ficar tenro, por alguns minutos. Tempere a gosto com sal e pimenta.
4. Misture o espinafre com 2 colheres de sopa da tempero e faça com ele uma camada no fundo de cada prato. Ponha as hastes de aspargo e espalhe o tempero remanescente sobre elas. Espalhe os cogumelos e sirva.

Serve de quatro a seis porções como primeiro prato ou dois a três como entrada.

A Essência do Prato
O elemento predominante desta salada é a Madeira. O verde dos legumes, o aroma do tempero e a delicadeza dos aspargos refletem, todos eles, a imagem da Madeira de primavera, de romper do dia e de crescimento. Essa energia vital da Madeira promove a dinâmica da família e da saúde na sua vida enquanto, no plano do seu comportamento, ajuda a orientar seu crescimento ao capacitá-lo a ouvir os outros, refletir e formular suas próprias opiniões.

No tocante à saúde, Popeye tinha razão: o espinafre é simplesmente uma das melhores hortaliças que se podem comer, e esta salada oferece uma boa dose de cálcio e de folato (um e outro indispensáveis para grávidas e mães que amamentam!), além de vitaminas A e C. A medicina chinesa descobriu que os aspargos ajudam a eliminar o calor do corpo a fim de fazer você rumar para um frio estado Yin.

Opções e Oportunidades
É delicioso o contraste entre quente e frio quando você serve os aspargos resfriados e os cogumelos que acabam de sair da frigideira. Por outro lado, quando refogados de antemão e resfriados antes de servir, os cogumelos adquirem uma textura ainda mais aveludada. O resultado é, em todos os casos, satisfatório.

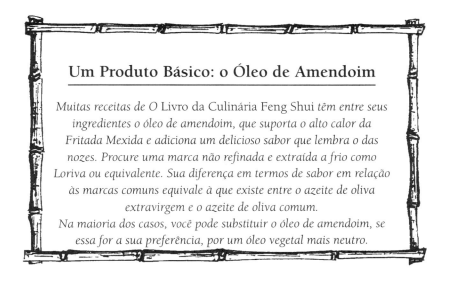

Um Produto Básico: o Óleo de Amendoim

Muitas receitas de O Livro da Culinária Feng Shui têm entre seus ingredientes o óleo de amendoim, que suporta o alto calor da Fritada Mexida e adiciona um delicioso sabor que lembra o das nozes. Procure uma marca não refinada e extraída a frio como Loriva ou equivalente. Sua diferença em termos de sabor em relação às marcas comuns equivale à que existe entre o azeite de oliva extravirgem e o azeite de oliva comum.
Na maioria dos casos, você pode substituir o óleo de amendoim, se essa for a sua preferência, por um óleo vegetal mais neutro.

Sacos de salada pré-lavados de espinafre fresco são muito convenientes; basta um deles para proporcionar os 170 gramas de que você precisa para esta receita.

Os ovos frescos podem ser uma fonte de contaminação por salmonelas. Você pode tornar seguras as gemas de ovo do Tempero de Miso cozinhando-as no microondas, na potência alta, durante 30 segundos, e continuando a cozinhar por intervalos de dez segundos até que as gemas comecem a sair (num total de 60 segundos). Cozinhe por mais dez segundos, depois remova-as e misture-as com um garfo limpo (importante!). Volte ao microondas e cozinhe até ver movimento outra vez (entre cinco e dez minutos). Deixe-as ficar no microondas por um minuto e então dê prosseguimento à feitura da receita.

Complementos
Você pode servir a salada como um primeiro prato junto com o Tofu Frio com Cebola Branca e Óleo de Gergelim. Os dois formam uma refeição Yin leve com um bom equilíbrio nutricional e uma série produtiva formada por três elementos: Metal, Água e Madeira. Ou então sirva-a antes da Torta de Beringela, Tomate e Queijo de Cabra, o que cria a sinergia produtiva porém fria da combinação Madeira e Fogo.

O Prato Feng Shui

Guarneça a parte superior do prato com alguma coisa vermelha — rabanetes crocantes, beterrabas cozidas ou pimentões vermelhos assados (para proporcionar Fogo, o elemento que vem depois da Madeira no ciclo da criação). Se estiver servindo a salada como acompanhamento, ponha-a do lado esquerdo do prato, no guá da Madeira.

ÓLEO DE PIMENTA DEDO-DE-MOÇA   YANG

1 xícara (250 ml) de pimentas dedo-de-moça desidratadas
1 xícara (250 ml) de óleo de amendoim

1. Corte grosseiramente as pimentas num processador de alimentos pequeno ou num moedor de temperos.
2. Misture as pimentas e o óleo numa panela não reativa e ponha no fogo de médio para baixo. Deixe ferver a 107° C (use um termômetro para frigideiras profundas ou para açúcar) durante quinze minutos. Remova do fogo e deixe esfriar.
3. Peneire o óleo e ponha-o num recipiente de vidro limpo. Armazene fora do alcance da luz à temperatura ambiente.

Produz uma xícara (250 ml).

A Essência do Prato
Adicione uma energia Yang e do Metal intensa a qualquer prato usando este óleo de alta voltagem. Em massas ou em fritadas mexidas, em pizzas, em sopas e saladas, espargido sobre a carne ou o peixe, o Óleo de Pimenta Dedo-de-moça aquece — com rapidez — qualquer coisa que você comer. O Metal também pode ajudá-lo a enfrentar a depressão (tal como o podem as endorfinas que, de acordo com os cientistas, podem ser estimuladas pelas quentes pimentas dedo-de-moça) e a aliviar a estagnação. Use seu Óleo de Pimenta Dedo-de-moça sempre que se sentir pouco animado, dispersivo ou com excesso de cuidados.

Opções e Oportunidades
Crie variações no óleo (promovendo ainda mais a sua qualidade Yang) adicionando-lhe um dos seguintes ingredientes: o sabor agradável de uma laranja, alguns dentes de alho sem casca, algumas fatias redondas de gengibre sem casca fresco.

Salada de Frango Chinesa Equilibrada

500 gramas de peito de frango sem ossos e sem pele

Tempero
- 1 colher de chá de gengibre fresco finamente picado
- 2 dentes de alho amassados
- 2 cebolas brancas finamente picadas
- 1/4 de xícara (60 ml) de molho de soja
- 2 colheres de sopa de vinagre de arroz
- 2 colheres de sopa de vinagre balsâmico
- 2 colheres de sopa de açúcar mascavo leve
- 1/4 de colher de chá de sal
- 1/4 de colher de chá de pimenta branca
- 1 colher de sopa de óleo de amendoim
- 1 colher de sopa de óleo de gergelim
- 1/4-1/2 colher de chá de óleo de pimenta dedo-de-moça (veja receita na página 87 ou compre na seção de produtos orientais do supermercado)

Salada
- 2 hastes de aipo, fatiadas
- 6 xícaras de repolho napa cortado em tiras (cerca de 340 g)
- 1 lata de 225 gramas de castanhas chinesas (*Eleocharis dulcis*) desidratadas e lavadas
- 1/4 de xícara (125 ml) de brotos de feijão
- 2 colheres de sopa de sementes de gergelim torradas

1. Encha de água uma frigideira de tamanho suficiente para cobrir os peitos de frango de uma só vez e leve a ferver em fogo baixo. Agregue o frango, mantenha o fogo baixo e deixe cozinhar até ficar pronto, cerca de quatro minutos por lado. Reserve num recipiente com água para esfriar.
2. Para o tempero, misture o gengibre, o alho, as cebolas brancas, o óleo de soja, os vinagres, o açúcar, o sal e a pimenta. Acrescente os óleos. Reserve para misturar os sabores.

3. Leve a ferver uma pequena panela de água com sal e escalde o aipo por 30 segundos. Jogue fora a água e lave o aipo com água fria.
4. Fatie o frango. Numa tigela grande, misture o frango com o aipo, o repolho, as castanhas, os brotos de feijão e o tempero. Mexa bem. Deixe descansar por um período de cinco a dez minutos e sirva depois de espalhar por cima as sementes de gergelim.

Serve quatro porções.

A Essência do Prato
O equilíbrio perfeito do peito de frango tenro com legumes leves e crocantes, a que se adiciona um tempero agridoce, tornou a Salada de Frango Chinesa um clássico norte-americano. Ela é também classicamente boa para você: rica em proteínas construtoras de células vindas do frango e de substâncias fitoquímicas do repolho, ao mesmo tempo que, nesta versão, com baixa quantidade de gordura. A carne Yang e os vegetais Yin estão no meio para formar um conjunto refrescante e saboroso.

Todos os Cinco Sabores estão aqui: o doce do açúcar, o ácido do vinagre, o amargo do repolho, o quente do óleo de pimenta dedo-de-moça, o salgado do molho de soja. Com os Cinco Elementos falando diretamente ao seu paladar, você está de fato se alimentando com equilíbrio.

Opções e Oportunidades
Você pode alterar os ingredientes da salada por razões de conveniência ou para mudar de ritmo. Pense em coisas crocantes: jicama, cenouras finamente fatiadas (escaldadas com o aipo), pepino sem pele e sem sementes, pimentões cortados em tiras longas e finas. Mas se substituir o repolho pela alface crespa, você vai perder grande quantidade de nutrientes que prolongam a vida! Resista ao impulso de não escaldar o aipo, ação que ressalta o seu sabor e sua cor verde exuberante e cria uma textura melhor.

Complementos
Chá gelado combina bem com esta salada. Termine a refeição com algum doce de amêndoa — que é leve e traz boa sorte.

O Prato Feng Shui
Sirva esta criação, que sofre a influência da Terra, num prato grande e bem colorido para dar contraste.

Salada de Caranguejo e Pepino YIN

2 colheres de sopa de maionese
1 colher de chá de vinagre de arroz
Pimenta branca a gosto
1 lata de 170 gramas de carne de caranguejo sem o líquido (ou carne de caranguejo fresca, escolhida)
1/2 pepino sem pele e finamente fatiado
1/2 colher de chá de sal
2 colheres de chá de sementes de gergelim torradas (ou *norigoma furikake*, alga japonesa, e tempero de semente de gergelim)

1. Misture a maionese, o vinagre e a pimenta branca. Misture 2/3 do tempero com a carne de caranguejo sem o líquido e ponha no refrigerador.
2. Entrementes, organize as fatias de pepino numa peneira e jogue o sal. Deixe passar cinco minutos. Lave em água corrente, deixe a água escorrer e seque com toalhas de papel.
3. Misture os pepinos com o 1/3 restante do tempero e organize-os em círculos concêntricos em dois pratos. Ponha a mistura de caranguejo sobre as rodelas de pepino, ponha as sementes de gergelim ou o *furikake* e sirva.

Serve duas porções.

A Essência do Prato

O caranguejo, o pepino e as sementes de gergelim são quintessencialmente Yin, razão pela qual esta salada fria é um prato que você não deve deixar de comer quando faz calor ou quando você está irritado. Sua cor branca pura evoca o Metal, que se combina com o efeito calmante do Yin para preparar você para fazer críticas bem ponderadas sem ser severo nem injusto. A essência salgada do caranguejo contribui com a capacidade da Água para aguçar a sua intuição, suavizar suas palavras e ligá-lo a outras pessoas; por isso, experimente esta receita quando for necessário o uso de diplomacia.

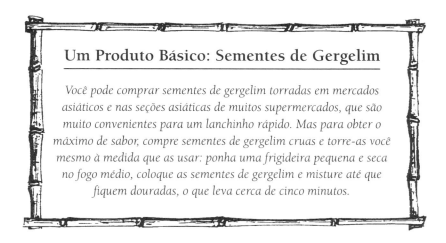

Um Produto Básico: Sementes de Gergelim

Você pode comprar sementes de gergelim torradas em mercados asiáticos e nas seções asiáticas de muitos supermercados, que são muito convenientes para um lanchinho rápido. Mas para obter o máximo de sabor, compre sementes de gergelim cruas e torre-as você mesmo à medida que as usar: ponha uma frigideira pequena e seca no fogo médio, coloque as sementes de gergelim e misture até que fiquem douradas, o que leva cerca de cinco minutos.

Opções e Oportunidades
Corte em rodelas finas os pepinos para que eles fiquem bem molinhos depois que se puser o sal. O sal contribui com uma atrativa textura suave quando usado nos pepinos, mas não se esqueça de retirá-lo com água para evitar um choque de sódio. Se quiser um prato vegetariano ultra-Yin, substitua o caranguejo pelo resto do pepino e sirva a salada sobre uma camada de alface — outro alimento que refresca.

Complementos
Complete seu esfriamento com um sorbet de lima a fim de adicionar Madeira à sua cadeia da criação.

MANGAS PICANTES

EQUILIBRADA

2 mangas, sem casca e sem caroço
3 limas
   Óleo de Pimenta Dedo-de-moça (veja receita na página 87 ou compre na seção asiática do supermercado)

1. Corte uma das limas em quatro pedaços e reserve para decorar. Organize as mangas em quatro pratos e esprema generosamente suco de lima em cima delas a gosto. Ponha um pouco de Óleo de Pimenta Dedo-de-moça (tenha cuidado, é forte!). Acrescente um pedaço de lima a cada prato e sirva.

   Serve quatro porções.

A Essência do Prato
Essa surpreendente combinação, do doce, do ácido e do quente, vai despertar o seu paladar a todo um novo nível de consciência. Picante e suculenta, ela pode umedecer o seu ch'i se você for demasiado Yang e seco (irritadiço), enquanto o óleo de pimenta pode aquecê-lo se você for demasiado Yin e frio (gelado ou com uma sensação de falta de energia). Além disso, a superfruta que é a manga contribui com seus antioxidantes (as vitaminas A e C) para prolongar a sua vida, alimentar os seus olhos e promover o vigor do seu sistema imunológico.

Opções e Oportunidades
Ajuste o suco de lima e o óleo de pimenta ao seu gosto. Leve o óleo de pimenta à mesa; você poderá surpreender-se pondo cada vez mais dele...

Complementos
Sirva o prato como salada, como acompanhamento de carnes ou de frutos do mar grelhados, ou como uma sobremesa leve com um toque.

O Prato Feng Shui
A doce manga, com sua cor laranja, pertence ao ponto da Terra, o centro do prato.

SALADA DE LENTILHA APIMENTADA EQUILIBRADA

1 ½ xícara (375 ml) de lentilhas secas, lavadas
1 cenoura sem pele e cortada
1 cebola roxa, picada
2 dentes de alho, finamente picados, separados
3/4 de colher de chá de sal, em duas porções separadas
1 folha de louro
4 colheres de chá de vinagre de vinho tinto
  Pimenta caiena
4 colheres de sopa de azeite de oliva extravirgem
1 pepino, sem pele, dividido em duas metades e finamente fatiado
5 rabanetes finamente fatiados
  Folhas de arugula
  Pimenta preta fresca a gosto

1. Misture as lentilhas, a cenoura, a cebola, um dente de alho, 1/2 colher de chá do sal e a folha de louro numa panela grande. Cubra com água e leve para ferver. Reduza a fogo médio e cozinhe, cobrindo a panela parcialmente, até ficar tenro, de 25 a 30 minutos.
2. Enquanto as lentilhas estiverem cozendo, misture o vinagre, o dente de alho picado remanescente, o 1/4 de colher de chá de sal remanescente e a pimenta caiena. Ponha o azeite de oliva. Ponha sobre os pepinos e os rabanetes, mexa e deixe marinar de quinze a vinte minutos. Ponha algumas folhas de arugula em cada prato.
3. Quando as lentilhas estiverem cozidas, escorra e remova a folha de louro. Acrescente o pepino e os rabanetes com sua marinada e a pimenta preta fresca. Ajuste o sal a gosto. Misture bem para ligar. Sirva na arugula quente, à temperatura ambiente ou esfriada.

Serve quatro porções como prato principal ou oito como acompanhamento.

A Essência do Prato

Essa saborosa salada traz a energia do Fogo, que se manifesta no sabor agradavelmente amargo do pepino, dos rabanetes e da arugula, bem como na forma do vermelho, nos legumes e no vinagre. O Fogo estimula a circulação e é bom para o sistema cardiovascular, tal como as lentilhas, cuja fibra solúvel retira das artérias os depósitos de placas, e o óleo de oliva, que eleva os níveis de colesterol benéfico (HDL) e baixa os do mau colesterol (LDL), que pode se acumular nas paredes arteriais e fazer a sua circulação parar. O Fogo é o elemento da fama, do júbilo e do sol, e a Salada de Lentilha Apimentada mantém o seu coração com os batimentos em forma enquanto você procura realizar seus sonhos mais loucos.

Opções e Oportunidades

Os sabores da salada se desenvolvem enquanto ela descansa. Mas ela também é gostosa ao sair quente da panela.

Complementos

Para fazer um festival vegetariano com o conjunto completo de proteínas, sirva a salada com Abóbora Recheada. Você também pode complementar a proteína das lentilhas com uma fatia de pão integral. A salada é um bom prato para vir depois de uma sopa de entrada, podendo também acompanhar qualquer carne ou peixe grelhados.

O Prato Feng Shui

Arrume as lentilhas a partir do centro na direção da parte superior do prato, pondo a arugula abaixo da margem esquerda e estendendo-se até o guá da Madeira. Com as lentilhas amarronzadas e as cenouras alaranjadas ativando a energia da Terra, você tem uma série de criação composta por Madeira, Fogo e Terra. Se servir como acompanhamento, ponha a salada na parte superior do prato.

SALADA DE TALHARIM COM PECÍOLO DE ARROZ   YIN

Tempero Nuoc Cham
1/4 de xícara de açúcar
1/2 xícara (125 ml) de água quente
1/4 de xícara (60 ml) de molho de peixe
2 colheres de sopa de suco de lima fresco
1 dente de alho, picado
1 pimenta de Xalapa, sem sementes e picada

Salada
170 g de pecíolos de arroz desidratado
2 cenouras sem pele e finamente raladas
1 1/2 xícara (375 ml) de brotos de feijão
1 xícara (250 ml) de folhas de hortelã compactadas, cortadas em pedaços grandes
1/2 xícara (125 ml) de folhas de cilantro compactadas, cortadas em pedaços grandes
4 folhas de alface lisa

1. Para fazer o tempero Nuoc Cham, dissolva o açúcar na água quente. Misture o molho de peixe, o suco de lima, o alho e a pimenta. Deixe repousar à temperatura ambiente para combinar os sabores.
2. Leve uma panela grande de água com sal para ferver e cozinhe os pecíolos até que eles subam e fiquem simplesmente tenros, entre dois a cinco minutos. Retire a água e lave todos em água fria.
3. Numa tigela grande, misture os pecíolos, as cenouras, os brotos de feijão, a hortelã e o cilantro. Se for necessário, use as mãos para espalhar os ingredientes por igual. Acrescente o tempero Nuoc Cham e misture outra vez. Cubra e refrigere até a hora de servir.
4. Para servir, ponha uma xícara de folhas de alface em cada prato e preencha com o talharim.

Serve quatro porções.

A Essência do Prato
Absolutamente sem gordura, esta salada incomum, de inspiração vietnamita, apresenta sabores puros e pungentes. As ervas verdes e o suco de lima ácido contribuem com uma dose concentrada de energia da Madeira, boa para purificar o seu ch'i, tonificar os seus nervos e deixar em forma o seu fígado. Como o cilantro é considerado capaz de curar um estômago incomodado, este prato desintoxicante pode ser a solução quando você comeu demais. E o saboroso molho de peixe? Uma boa fonte de vitaminas B e proteína.

Opções e Oportunidades
Escolha as melhores folhas do seu pé de alface para servir como xícaras para o talharim. A alface lisa é preferível, pois contém uma quantidade extra de vitamina C e de betacaroteno.

Complementos
Adicione alguma proteína à sua refeição servindo primeiro uma Sopa de Miso, ou então crie uma refeição equilibrada servindo a salada como o primeiro prato depois de uma entrada Yang de carne ou de frutos do mar.

O Prato Feng Shui
Potencialize a energia da Madeira guarnecendo o lado esquerdo do prato com hastes de ervas frescas e uma fatia de lima.

SALADA DE FRANGO RUBI   YIN

450 gramas de metades de peito de frango sem ossos e sem pele
1/2 xícara (125 ml) de aipo picado
1 xícara (250 ml) de uvas roxas sem sementes cortadas em metades
1/2 toranja vermelha, sem pele, seccionada, sem membranas e cortada em pedaços do tamanho de um bocado
1/4 de xícara (250 ml) de noz pecã picada e torrada
1/2 xícara (125 ml) de crème fraîche
3/4 de colher de chá de sal
1/4 de colher de chá de pimenta preta
1 colher de chá de casca de limão picada

1. Cozinhe o frango em água de pouca fervura até cozinhar por inteiro, entre quatro e cinco minutos de cada lado. Remova, esfrie e corte em pedaços de 1,25 cm.
2. Misture o frango, o aipo, as uvas, a toranja e as pecãs numa tigela. Acrescente o crème fraîche, o sal, a pimenta e o limão e misture bem. Resfrie por várias horas. Ajuste os temperos a gosto e sirva.
    Serve quatro porções.

A Essência do Prato
Esfrie o fogo do seu coração com este prato suave, ligeiramente doce e cremoso. O delicado cozimento do frango traz energia Yin; o aipo cru esfria, consolida e relaxa o seu ch'i; as uvas e a toranja criam um perfeito complemento doce e ácido. As cores e sabores da Madeira (o aipo verde e a toranja ácida), do Fogo (frutas vermelhas), da Terra (uvas doces) e do Metal (o crème fraîche branco) formam uma série de criação para todo momento em que você desejar ficar frio e equilibrado.

Opções e Oportunidades
O crème fraîche é um creme espesso, de sabor menos pronunciado do que o creme ácido e simplesmente delicioso. Se não conseguir encontrá-lo na seção de laticínios do seu supermercado, você pode fazê-lo em casa: aqueça uma xícara (250 ml) de creme de leite a 37 °C, pouco aci-

ma do morno, misture uma colher de sopa (15 ml) de leitelho, transfira a mistura para um recipiente de vidro ou de plástico limpo e deixe descansar à temperatura ambiente por um período de doze a 36 horas até ficar espesso e ligeiramente azedo. Refrigere até ficar pronto para usar. Você pode usar creme azedo para encurtar a preparação, bem como pensar em usar uma versão *light*, se quiser deixar o prato mais leve.

Complementos
Contrabalance a riqueza da Salada de Frango Rubi com a delicadeza da Torta de Tofu com Chá Verde, servida como sobremesa.

O Prato Feng Shui
Com o equilíbrio de cores e sabores dos elementos e a riqueza desta salada, é melhor servi-la organizada em pratos pequenos — talvez de vidro ou de cristal para dar um toque especial.

SALADA SUAVE COM VINAGRETE DE LARANJA E SÁLVIA

YIN

Vinagrete de Laranja e Sálvia
1 cebola pequena picada
1 colher de sopa de mostarda de Dijon
1 colher de sopa de sálvia fresca picada
1 laranja, sem casca e espremida
4 colheres de sopa de vinagre de arroz
4 colheres de sopa de azeite de oliva extravirgem
sal e pimenta a gosto

Salada
1 manga madura sem casca, sem caroço e cortada
1 cantalupo (espécie de melão) sem casca, sem sementes e cortado em pedaços ou em bolas
1 pêra madura, sem casca e cortada
1 abacate maduro, sem casca e cortado
4 tomates grandes sem sementes e picados

1. Para fazer o Vinagrete de Laranja e Sálvia, misture a cebola picada, a mostarda de Dijon, a sálvia, uma colher de chá de casca de laranja, 4 colheres de sopa (60 ml) de suco de laranja e 4 colheres de sopa de vinagre. Vá pondo o azeite de oliva aos poucos. Tempere a gosto com sal e pimenta e reserve.
2. Numa tigela grande, misture delicadamente a manga, o cantalupo, a pêra, o abacate e os tomates. Acrescente o vinagrete e misture cuidadosamente.

   Serve quatro porções.

A Essência do Prato
A Salada Suave é uma lição da fragilidade e do equilíbrio precário entre o doce, o picante e o ácido, que se pode considerar o resumo da vida. Enquanto comer, imagine-se como essas frutas maleáveis: com água no interior, fresca e que flui com a corrente da criação da Madeira (abaca-

te, vinagre), do Fogo (tomate, sálvia, mostarda) e da Terra (manga, cantalupo, suco de laranja). Assim como a doce inocência é temperada com a sabedoria amarga da sálvia, assim também a Salada Suave esboça a jornada mítica da primavera e da alvorada (Madeira) ao ponto de equilíbrio perfeito (Terra), passando pela produtividade máxima (Fogo).

Além disso, uma xícara (250 ml) de cantalupo dá a você, na forma do antioxidante betacaroteno, toda a quantidade de vitamina A de que você precisa num dia, e as mangas lhe oferecem as vitaminas A e C. Os tomates dão a sua contribuição com o seu próprio antioxidante, o licopeno, adicionando os anticarcinógenos ácidos p-cumárico e clorogênico. O potássio presente no cantalupo, no abacate e nos tomates controla a pressão sangüínea, pensando-se aí, no campo da medicina chinesa, que a casca de laranja cura febres e tosses e limpa a pele. É uma boa jornada!

Opções e Oportunidades
Só use as frutas mais suaves e maduras, substituindo-as por outras da estação se necessário.

Complementos
A Salada Suave é perfeita antes ou depois de pratos Yang como Peito de Frango com Recheio de Feijão Preto, Atum Apimentado com Molho de Wasabi ou Pombinhos Sensuais. Ou então aproveite uma relaxante refeição Yin como Solha Escaldada na Toranja com Molho de Agrião.

O Prato Feng Shui
Para uma apresentação que traga os Cinco Elementos, cubra a parte superior, a esquerda e o centro do prato com a salada. Ponha pedaços de queijo de cabra branco ou de feta (queijo branco grego) no guá direito do Metal, e distribua algumas azeitonas pretas ou grãos de pimenta no ponto da Água na parte inferior.

EMPADAS DE TOMATE COM ABACATE E CREME   YIN

1 ¾ (430 ml) de xícara de suco de tomate, em duas porções
1 envelope de gelatina branca
1/2 colher de chá de açúcar
1 folha de louro
4 colheres de chá de suco de limão fresco, em duas porções
1/4 de colher de chá de sal
1/4 de colher de chá de pimenta preta
1 abacate maduro, sem casca e sem caroço
1/4 de xícara (60 ml) de creme azedo

1. Misture 3/4 de xícara (180 ml) do suco de tomate, a gelatina, o açúcar e a folha de louro numa panela média. Ponha em fogo médio e misture até a gelatina dissolver.
2. Retire do fogo, remova a folha de louro e misture o resto do suco de tomate, duas colheres de chá do suco de limão, o chá e a pimenta. Ponha em quatro formas de empada e gele até ficar firme.
3. Na hora de servir, misture num processador de alimentos o abacate, as duas colheres de chá restantes do suco de limão, sal e pimenta a gosto. Ponha com a colher um círculo de purê de abacate em cada um dos quatro pratos.
4. Retire as empadas pondo as formas em água quente e passando uma faca ao redor das bordas. Ponha o purê em cada uma delas e cubra tudo com uma colher de creme azedo. Sirva imediatamente.

Serve quatro porções.

A Essência do Prato
Essa combinação fria e flexível tem como força oculta a gelatina — um lembrete de que ser moldável não equivale a dissolver-se e de que a suavidade é capaz de manter a sua própria forma. Tomates e abacates são frutas fêmeas, o que acentua a energia Yin do prato, que pode levar você para dentro de si mesmo. E as cores complementares da Madeira e do Fogo produzem uma chama fria porém vital.

Opções e Oportunidades
Você pode preparar as empadas bem antes de servir. Mas não se esqueça de esperar até o último minuto para bater o abacate, pois isso vai evitar que ele perca a cor.

Complementos
Este é o primeiro prato perfeito para fazer a transição entre a atividade dirigida para fora, do dia, e o espaço mais calmo e íntimo, da noite. Sirva depois dele tudo aquilo que atender às suas necessidades de energia.

O Prato Feng Shui
O esquema de cores verde, vermelho e branco é muito bonito de se contemplar e, quando você o serve no guá da Água no centro do prato, esse esquema gera uma seqüência de criação que envolve a Madeira, o Fogo, a Terra e o Metal.

SALADA DE VIEIRA QUENTE COM FEIJÃO VERDE E AMÊNDOAS
EQUILIBRADA

1/4 de xícara (60 ml) de vinagre de vinho tinto
1/4 de xícara (60 ml) de molho de soja
1 colher de chá de gengibre fresco picado
1 chalota (cebola) picada
5 colheres de sopa de azeite de oliva, em duas porções
Pimenta fresca a gosto
450 gramas de vagem de feijão verde, cortadas em pedaços de cinco centímetros na diagonal
1 pitada de sal
1/4 de xícara (60 ml) de amêndoas cortadas
450 gramas de vieiras
4 xícaras (1 litro) de folhas comestíveis verdes do primeiro corte

1. Para o tempero, misture o vinagre, o molho de soja, o gengibre e a cebola. Jogue quatro colheres de sopa (60 ml) do azeite de oliva e condimente com pimenta preta fresca. Reserve para misturar os sabores.
2. Leve a ferver uma grande panela de água e acrescente as vagens e a pitada de sal. Cozinhe até que o verde fique brilhante e simplesmente tenro, durante cerca de oito minutos. Escorra e esfrie com água fria, jogando os feijões com as mãos sob a corrente de água para interromper o processo de cozimento.
3. Ponha uma frigideira em fogo de médio a alto, acrescente as amêndoas e mexa por alguns minutos até torrar. Remova as amêndoas e reserve. Adicione a colher de sopa restante do azeite de oliva à frigideira. Quando o azeite esquentar, agregue as vieiras e refogue, mexendo, até que fiquem firmes e simplesmente cozidas, cerca de dois minutos. Acrescente as vagens e mexa para esquentar por inteiro. Remova do fogo e tempere com sal e pimenta.
4. Para servir, misture as folhas verdes com a metade do tempero e arrume nos pratos. Misture as vieiras com o resto do tempero, ponha-os sobre as folhas e espalhe por cima as amêndoas.

Serve quatro porções.

A Essência do Prato

Esse equilíbrio do quente e do frio, da terra e do mar, do salgado e do ácido oferece sabores e texturas delicados para ajudá-lo a descobrir o belo na nuança. Você também vai se beneficiar do bom ch'i de um ciclo da criação completo: o Metal (as vieiras e as amêndoas, brancas, o gengibre), a Água (o escuro e salgado molho de soja), a Madeira (folhas verdes e vinagre ácido), o Fogo (o vermelho do vinagre) e a Terra (a doçura das vieiras e sua cor final da terra). Adequado a um jantar ou a uma refeição rápida durante a semana, este prato celebra as coisas boas, fáceis e elegantes da vida.

Opções e Oportunidades

Você pode cozinhar as vagens e fazer o tempero de antemão e pô-los no refrigerador. Deixe-os alcançar a temperatura ambiente quando retomar a receita.

As vieiras vendidas em supermercados de modo geral vêm cheias de água. Se as suas soltarem muito líquido quando refogadas, retire a água antes de acrescentar os feijões à frigideira.

Complementos

Tente iniciar a sua refeição com o resfriamento Yin da Sopa de Batata-Doce com Gengibre e termine com *Brownies* Escuros cortados em triângulos e com açúcar de confeiteiro polvilhado em sua superfície.

Alimentos da Sorte

No chinês, a palavra que designa alface soa como "riqueza crescente". Por isso, visualize as folhas verdes como notas de 100 dólares enquanto você faz a sua salada. Os alimentos redondos sempre são considerados da sorte, o que adiciona à lista muitas frutas. Os melões são os melhores porque são os maiores. Frutas de cor dourada como laranjas e tangerinas, além de ser abençoadas pela sua forma redonda, simbolizam a prosperidade pela sua cor. Distribua-as como presentes de boas-vindas. Ovos cozidos tingidos de vermelho devem ser dados quando você tiver um novo bebê — é como os charutos, porém são melhores para você.

Os peixes sempre são considerados auspiciosos, quer nadando num tanque ou no seu prato. Seu nome em cantonês, yu, soa como a palavra que designa abundância, razão por que comer peixe promete muito mais para você. Não se esqueça de dar atenção aos números. Os pratos com oito ingredientes são valorizados porque oito é um número da sorte, em parte porque há oito trigramas no I Ching, sendo o número de hexagramas o quadrado de oito, ou 64. Isso explica os muitos pratos que levam o nome de Oito Tesouros.

Salada de Repolho Branco-Quente Yang

1 repolho verde pequeno (675-900 gramas), cortado em quatro, sem a parte do meio e finamente fatiado da direita para a esquerda
1 cebola branca, partida pela metade no sentido do comprimento e finamente cortada em meia rodela
2 colheres de sopa de vinagre de vinho branco
1 colher de sopa de molho de soja
2 colheres de sopa de açúcar
2 colheres de chá de gengibre fresco picado
1 colher de chá de molho de pimenta dedo-de-moça chinês ou a gosto
1/2 de xícara (125 ml) de nozes partidas grosseiramente
4 fatias de bacon
3 colheres de sopa de óleo de amendoim
1 colher de sopa de óleo de gergelim torrado
1/3 de xícara (80 ml) de vinho branco
Sal e pimenta fresca a gosto

1. Misture o repolho, a cebola, o vinagre, o molho de soja, o açúcar, o gengibre e o molho de pimenta numa tigela grande e mexa bem. Reserve para marinar por alguns minutos.
2. Ponha a sua maior frigideira em fogo médio. Acrescente as nozes e toste-as, mexendo de vez em quando, até que fiquem perfumadas, cerca de cinco minutos. Remova-as da frigideira e reserve.
3. Ponha o bacon na frigideira e deixe em fogo médio. Frite, virando freqüentemente, até ficar ondulado. Remova e ponha sobre toalhas de papel. Retire a gordura do bacon da frigideira mas não a limpe.
4. Ponha os óleos de amendoim e de gergelim na frigideira e aumente o fogo para médio alto. Agregue a mistura de repolho e mexa até que ela fique coberta e chiando.
5. Acrescente o vinho, reduza o fogo para médio, cubra a frigideira e cozinhe, mexendo de vez em quando, até que o repolho esteja tenro, cerca de oito minutos mais. Descubra a frigideira e, se necessário, aumente o fogo para eliminar o excesso de líquido.
6. Remova do fogo e acrescente o bacon. Adicione as nozes e mexa. Tempere a gosto com sal e pimenta fresca, misture outra vez e sirva.

Um Superalimento que Promove o Ch'i: Vegetais Crucíferos

Um exame da baixa incidência do câncer na China não deveria causar surpresa. Um dos vegetais favoritos é o repolho, que, ao lado dos brócolos, da couve-flor, do agrião e do Bok Choy, pertence à família das Crucíferas, inimiga do câncer. Esse produto básico da culinária asiática contém substâncias fitoquímicas como a brassinina e o sulfuráfano, que livram o corpo de substâncias carcinogênicas, e o indol, que estimula a produção do estrógeno bom, capaz de bloquear o câncer. Obtenha sua dose diária com estes pratos: Gravatinhas com Brócolos, Salada de Frango Chinesa, Fritada Mexida Flexível, Pato Assado ao Sal com Repolho Refogado na Cerveja ou então com um pouco de Bok Choy usado na Fritada Mexida Flexível.

Serve quatro porções como prato principal ou oito porções como acompanhamento.

A Essência do Prato
A Salada de Repolho Branco-Quente é uma comida despretensiosa cheia da energia branca e quente, estimulante, do Metal. O calor Yang vem do molho de pimenta, do gengibre, do vinho e das nozes (sendo estas últimas consideradas boas para o cérebro, talvez por causa da sua semelhança física com os miolos). O gengibre aquece o sangue; as nozes oferecem óleos ômega-3 que baixam os níveis de colesterol; e o repolho, a cebola e o gengibre contribuem com substâncias fitoquímicas que prolongam a vida. Além disso, o poder circulatório do Metal faz o ch'i bom fluir e fortalece o seu cerne psíquico. Experimente a Salada de Repolho Branco-Quente quando precisar tomar uma posição.

Opções e Oportunidades

Você pode tornar vegetariano este prato retirando o bacon; você pode querer adicionar um pouco mais de óleo e um punhado extra de nozes. Você pode ganhar tempo com o repolho empacotado pré-cortado vendido no supermercado. Se não couberem todos os ingredientes na frigideira de uma vez, faça porções menores — os ingredientes encolhem à medida que ficam macios. Se não tiver molho de pimenta chinês, ponha pimenta vermelha esmagada.

O Prato Feng Shui

Os tons brancos simples deste prato são melhor destacados se o servirmos num grande prato colorido. Alternativamente, sirva meias porções como acompanhamento de carne, peixe ou ave grelhados. Ponha a salada do lado direito do prato, no guá oeste do Metal.

Salada Yin-Yang　　　Equilibrada

- 2 colheres de sopa de suco de limão fresco
- 1 chalota grande, picada
- 2 dentes de alho esmagados
- 2 colheres de chá de coentro
- 1 colher de chá de sal
- 2 colheres de sopa de azeite de oliva
  Pimenta preta fresca a gosto
- 1 bloco de 400 gramas de tofu comum, bem pressionado e cortado em cubos de 1,25 cm
- 1 lata de 425 gramas de feijões pretos, escorridos e lavados
- 1/2 xícara (125 ml) de castanhas

1. Para fazer o tempero, misture o suco de limão, a chalota, o alho, o coentro e o sal. Jogue o azeite de oliva na mistura e tempere com pimenta preta a gosto.
2. Numa tigela grande, misture o tofu, os feijões e as castanhas. Despeje o tempero na mistura e mexa delicadamente. Resfrie até a hora de servir.

Serve cinco a seis porções como acompanhamento ou primeiro prato, e três a quatro como prato principal.

A Essência do Prato

Este retrato em preto e branco traz consigo o equilíbrio do Yin e do Yang tanto pelas suas cores como pelo contraste entre as texturas dos firmes feijões pretos e do flexível e suave tofu. Trata-se também de um potente tônico Yin-Yang da saúde para mulheres e homens. Nas mulheres, os fitoestrógenos do tofu e dos feijões pretos ajudam a evitar o câncer de mama e do útero, e podem proteger de problemas femininos como a perda da massa óssea e os sintomas da menopausa. Os homens, que correm um risco maior de contrair doenças do coração do que as mulheres até seus últimos anos de vida, vão apreciar em especial o efeito de redução dos níveis de colesterol do tofu, dos feijões pretos, do azeite de oliva e do alho. Este prato simples é um passo rápido no combate dos problemas específicos de cada sexo e no atingimento do equilíbrio da boa saúde.

Preocupado com o alho cru? Acredita-se que as castanhas suavizam o hálito!

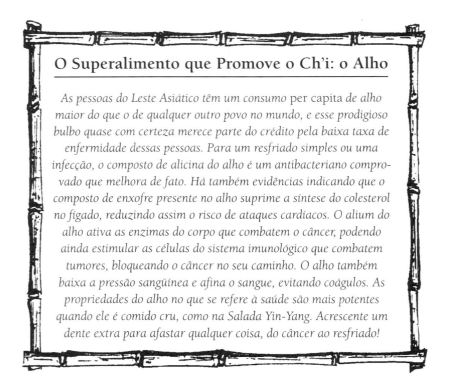

O Superalimento que Promove o Ch'i: o Alho

As pessoas do Leste Asiático têm um consumo per capita de alho maior do que o de qualquer outro povo no mundo, e esse prodigioso bulbo quase com certeza merece parte do crédito pela baixa taxa de enfermidade dessas pessoas. Para um resfriado simples ou uma infecção, o composto de alicina do alho é um antibacteriano comprovado que melhora de fato. Há também evidências indicando que o composto de enxofre presente no alho suprime a síntese do colesterol no fígado, reduzindo assim o risco de ataques cardíacos. O alium do alho ativa as enzimas do corpo que combatem o câncer, podendo ainda estimular as células do sistema imunológico que combatem tumores, bloqueando o câncer no seu caminho. O alho também baixa a pressão sangüínea e afina o sangue, evitando coágulos. As propriedades do alho no que se refere à saúde são mais potentes quando ele é comido cru, como na Salada Yin-Yang. Acrescente um dente extra para afastar qualquer coisa, do câncer ao resfriado!

Opções e Oportunidades

A textura do tofu comum é mais propícia a essa apresentação crua do que o firme, mas é importante retirar a água a fim de ajudar os cubos a manter a forma quando você mistura a salada (veja a página 130). Os sabores se desenvolvem à medida que a salada assenta; por isso esta é uma boa receita a ser feita de antemão.

Se quiser ampliar o esquema de cores a todos os Cinco Elementos, omita as castanhas e acrescente tomates com sementes, pimentão amarelo e cilantro fresco. Agora, o foco é mais o equilíbrio dos elementos do que o Yin e Yang.

Complementos
Embora esta salada seja em si uma refeição satisfatória (experimente-a como um lanche que você leva de casa), você também pode servi-la como acompanhamento de frutos do mar brancos grelhados (hipoglosso, vieiras e semelhantes) a fim de dar continuidade ao esquema de cores e manter equilibrado o ch'i.

O Prato Feng Shui
Esse entrelaçamento do Yin e do Yang é auspicioso em qualquer parte do prato.

Bebidas

CHÁ DE GENGIBRE FRESCO   YANG

6 xícaras (1 ½ litro) de água
1 pedaço de gengibre fresco de 7,5 cm, sem pele e cortado em rodelas

1. Leve a água para ferver. Agregue as rodelas de gengibre, ponha o fogo no baixo e cozinhe por mais dez minutos.
2. Retire o gengibre e sirva.

   Serve quatro porções.

A Essência do Prato
Este não é o delicado chá de ervas que a sua avó faz com um saquinho! O Chá de Gengibre Fresco é um tônico estimulante, de sabor forte, para a mente e o corpo. Ele oferece uma dose rápida de calor Yang sempre que você precisa se aquecer. E, colaborando com o seu sistema digestivo, o chá de gengibre ajuda você a metabolizar o alimento em energia para deixá-lo no máximo da sua capacidade.

Opções e Oportunidades
Para reforçar, adicione mais algumas fatias de gengibre e deixe o chá em infusão por um pouco mais de tempo. Se preferir, adoce o seu chá com um pouco de mel para criar uma alteração positiva do seu estado de espírito induzida pela serotonina.

Complementos

Beba esse chá com qualquer prato Yang para adicionar mais calor, ou então sorva-o com alimentos Yin para evitar que estes últimos congelem você. Tome depois de qualquer refeição uma xícara do Chá de Gengibre Fresco para fazer circular a energia do alimento pelo seu corpo e ajudá-lo a colher a safra energética natural que ele proporciona.

Ginseng: Um Vívido Impulso para uma Longa Vida

Outro chá sem cafeína preferido pelos seus poderes estimulantes é o de ginseng, feito com uma raiz que os chineses admiram especialmente pela sua forma, que lembra a do ser humano. Considera-se o ginseng um fortalecedor do ch'i de todo o corpo, além de promover a longevidade. Ele pode ser tão estimulante que os médicos chineses não prescrevem a variedade americana mais forte para quem tem pressão alta. (Se você tem hipertensão, talvez queira verificar a origem do ginseng que for ingerir.) Você pode comprar chá de ginseng em muitos supermercados, em mercados asiáticos, em lojas de alimentos naturais e em casas de chá.

Martíni Pacífico   Yang

- 1 laranja lavada
- 1 anis estrelado
- 1 pau de canela
- 1 cravo inteiro
- 1/4 de colher de chá de sementes de erva-doce
- 2 rodelas de gengibre fresco sem pele
- 1 pimenta dedo-de-moça desidratada, partida na direção vertical, ou uma pitada de flocos de pimenta vermelha
- 1 garrafa de vodca de 750 ml

1. Usando um descascador ou uma faca afiada, e trabalhando em espiral, retire uma longa fatia de casca da laranja. Tenha o cuidado de só tirar a casca cor de laranja, e não a pele branca que fica sob ela.
2. Ponha a casca de laranja, os temperos, o gengibre e a pimenta na garrafa de vodca e deixe-a passar a noite à temperatura ambiente.
3. Congele a garrafa por pelo menos oito horas antes de servir. Sirva em taças de martíni resfriadas.

Serve doze porções.

A Essência do Prato
A neutra vodca serve de mostruário para os sabores dos Cinco Temperos Chineses, a que se adiciona o empurrãozinho da pimenta. Embora frio como gelo e claro como âmbar, este drinque traz o fogo de uma intensa energia Yang proveniente do álcool e dos temperos. Ingira-o judiciosamente.

Opções e Oportunidades
Se quiser, você pode misturar drinques como os martínis clássicos com vermute seco a gosto. Para servir de maneira marcante numa festa, congele a garrafa de vodca num recipiente de papelão de sorvete cheio de água. Descole o papel do gelo com água quente, jogue o papelão fora e

sirva a vodca no seu gelo (não se esqueça de deixar o pescoço da garrafa para fora para você poder pegá-lo e servir).

Se planeja armazenar a vodca por mais de 24 horas depois do congelamento, você pode querer decantá-la em outra garrafa, a fim de remover os temperos e evitar que a bebida fique forte demais.

REFRESCO DE TAMARINDO COM CUBOS DE LIMA YIN

100 gramas de tamarindo natural ou de polpa congelada de tamarindo (cerca de 1/3 de xícara, ou 80 ml, no caso da polpa).
4 xícaras (1 litro) de água, em duas porções
1/3 de xícara (80 ml) de açúcar

Cubos de Lima
2 limas
1 ½ xícara (375 ml) de água

1. Para preparar tamarindos frescos, tire os filetes e remova a casca.
2. Leve três xícaras (750 ml) de água para ferver e adicione o tamarindo sem pele ou a polpa, ao lado do açúcar. Mexa, ponha em fogo brando e cozinhe por cinco minutos. Tire do fogo e deixe à temperatura ambiente por duas horas.
3. Para fazer os Cubos de Lima, use uma faca de descascar para retirar a casca de uma das limas e fazer com ela fatias finas. Esprema o suco das limas, coe e misture com a água. Ponha duas fatias da casca em cada compartimento de uma forma de gelo de dezesseis cubos, despeje a mistura do suco e congele.
4. Coe a mistura do tamarindo num jarro, pressionando com força os sólidos para fazer com que a polpa passe. Adicione a xícara (250 ml) de água restante e esfrie até a hora de servir. Sirva com os cubos de lima.

Serve quatro porções.

A Essência do Prato
Revigorado com a energia Yin ácida da Madeira, ao tamarindo credita-se a capacidade de baixar febres, matar a sede e curar o fígado e os rins. A energia da Madeira se concentra e purifica o seu ch'i, e o assiste sempre que você precisa tomar uma decisão. Experimente esse refresco hidratante sempre que se sentir quente, seco, exaurido ou esgotado.

Opções e Oportunidades

Podem-se encontrar tamarindos naturais e polpas preparadas em mercados asiáticos, latinos e do Oriente Médio. A polpa congelada faz você ganhar tempo, mas os puristas afirmam que o melhor sabor vem diretamente da fruta natural. Se tiver a possibilidade de permitir mais de duas horas para a infusão, cubra a mistura e refrigere por até 24 horas antes de coar.

Ajuste o açúcar ao seu gosto; quanto mais ácido for o drinque, tanto mais Madeira será ele.

Use os Cubos de Lima para dar um toque frio de energia da Madeira a toda bebida!

Complementos

Este é um refresco rápido por sua própria natureza, podendo ser um acompanhamento refrescante de qualquer refeição. Sirva-o com outras receitas Yin para aprimorar seus efeitos, ou use-o como uma libação equilibradora com pratos Yang. Classificado entre as frutas ácidas, o Refresco de Tamarindo pode complementar uma refeição da mesma maneira que o faz um copo de vinho — sem a energia Yang quente nem os efeitos colaterais do álcool.

Pratos Principais

PEITO DE FRANGO COM RECHEIO DE FEIJÃO PRETO   YANG

  4 metades de peito de frango com ossos e pele, e com carne da costela
1/4 de xícara (60 ml) de molho de alho com feijão preto chinês
  1 colher de chá de molho de soja
    Pimenta preta
  1 chalota picada
1/2 xícara (125 ml) de sherry seco
1/2 xícara (125 ml) de caldo de galinha
  2 colheres de sopa de manteiga sem sal cortada em pedaços

1. Com os dedos, solte a pele a partir do topo de cada metade do peito de frango, deixando-o tão inteiro e preso quanto puder. Espalhe em cada metade, sob a pele, uma colher de sopa (15 ml) do molho de alho e feijão preto. Ponha o frango com o lado da pele para cima numa assadeira, esfregue o molho de soja e tempere com a pimenta preta. Reserve para marinar enquanto você aquece o forno a 260 °C.
2. Quando o forno estiver quente, asse o frango por dez minutos, reduza o calor a 180 °C e regue o frango com os líquidos que se acumularam na assadeira. Asse por mais quinze ou vinte minutos, regando uma ou duas vezes mais, até ficar cozido e sem caldo.
3. Retire o frango da assadeira e cubra-o com papel de alumínio para mantê-lo aquecido. Ponha a assadeira no fogo de médio a alto (se a assadeira for grande, use dois queimadores) e espalhe a cebola pica-

da. Refogue um pouco, e então acrescente o sherry e o caldo, fazendo vir à tona os pedaços tostados. Deixe ferver, mexendo constantemente, até reduzir o líquido a um caldo, o que leva uns poucos minutos. Reduza o fogo para baixo e ponha a manteiga, um pedaço de cada vez.
4. Sirva o frango com o molho.

   Serve quatro porções.

A Essência do Prato
Este prato é a essência negra e salgada da Água. Ao dissolver o ch'i congelado e ao fortalecer o seu sangue e a sua essência, a Água no Frango com Recheio de Feijão Preto se combina com a energia Yang para deixá-lo motivado, forte e atraente para importantes contatos de negócios ou sociais.

Opções e Oportunidades
Se quiser equilibrar agora a força potencialmente argumentativa da Água, adicione um pimentão vermelho, um verde e um amarelo, sem sementes e cortados finos, à assadeira junto com o frango (retire-os com o frango antes de fazer o molho). Em combinação com a carne branca do frango, você tem agora uma paleta de cores feng shui completa.

Este prato também é delicioso frio. Requente o molho no microondas na potência média ou em fogo baixo no fogão para molhar a carne ou jogar o molho sobre ela.

Complementos
O Viognier, um vinho branco encorpado com camadas de frutas e flores, está à altura dos sabores fortes do prato, dando a sua contribuição em força Yang.

O Prato Feng Shui
Ponha o frango no guá da Água, na parte inferior do prato. Se tiver acrescentado pimentas torradas ao prato, espalhe-as nos guás remanescentes.

GRAVATINHAS COM BRÓCOLOS   EQUILIBRADA

- 1 maço de brócolos de 900 gramas, cortado em cabeças, com os caules retirados ou reservados para outro uso (cerca de 6 xícaras ou 1 1/2 litro)
- 225 gramas de massa de gravatinha desidratada
- 2 colheres de sopa de óleo de amendoim
- 4 cebolas brancas fatiadas
- 4 dentes de alho picados
- 1 colher de chá de gengibre fresco picado
- 1 pitada de flocos (ou o equivalente) de pimenta vermelha
- 4 colheres de sopa de molho de ostra
- 1 colher de sopa de óleo de gergelim torrado
- 2 colheres de sopa de manteiga sem sal
- 1/4 de colher de chá de sal
- Pimenta preta fresca a gosto

1. Leve para ferver uma panela de água (com uma peneira de massa, se você tiver uma). Ponha sal generosamente, leve outra vez para ferver e ponha os brócolos. Refogue (cozinhe ligeiramente) até ficarem tenros, durante cerca de quatro a cinco minutos. Retire os brócolos com a peneira de massa ou com uma escumadeira.
2. Ponha a pasta na água fervente e cozinhe de acordo com as instruções do pacote.
3. Enquanto isso, aqueça o óleo de amendoim numa wok ou numa frigideira grande em fogo alto. Agregue as cebolas, o alho, o gengibre e os flocos de pimenta e mexa. Adicione os brócolos e frite, mexendo sempre até cozinhar por inteiro, o que leva uns poucos minutos. Tire do fogo e acrescente o molho de ostra, o óleo de gergelim, a manteiga, o sal e pimenta a gosto. Mexa até que a manteiga derreta.
4. Escorra a massa, reservando cerca de 1 xícara (250 ml) da água em que ela foi cozida. Misture a pasta com os brócolos e mexa bem, adicionando alguma água do cozimento para umedecer se necessário. Sirva.

Serve quatro porções.

A Essência do Prato

Este prato vegetariano rápido e simples promove combinações clássicas de sabores e a boa saúde que uma vida equilibrada proporciona. Os brócolos são uma boa fonte de cálcio — que não só fortalecem os ossos como também parecem fazer baixar a pressão sangüínea —, ferro e das vitaminas A e C, que são antioxidantes. A família das crucíferas, a que pertencem os brócolos, também contém substâncias fitoquímicas que combatem o câncer.

Dominado pela Água (o trigo, o molho de ostra salgado) e pela Madeira (verde) — vizinhos no ciclo da criação que agem, um e outro, no sentido de concentrar ch'i —, Gravatinhas com Brócolos junta a força purificadora da Madeira com a capacidade da Água de aliviar e tornar macio, fazendo do prato um bom desintoxicante, uma maneira de reunir energias difusas e pô-las num mesmo lugar em função da próxima aventura.

Opções e Oportunidades

Ponha mais brócolos, se gostar muito. Você não vai conseguir se matar com esse superalimento! Guarde os caules para fazer um creme de sopa de brócolos ou um purê de brócolos em outro dia da semana.

A manteiga presente na receita serve para conciliar os sabores e recobrir a massa; mas, se neste momento você se preocupa muito com a gordura saturada, é possível substituir toda ela ou parte dela por óleo de amendoim ou de gergelim — ou por coisa alguma, segundo seus gostos e necessidades.

Complementos

Para aumentar sua contagem de proteínas e dar continuidade ao tema das ostras, comece com o Manjar de Ovos e Ostras em pratos de aperitivo.

O Prato Feng Shui

Arrume a massa na parte inferior e no lado esquerdo do prato, nas áreas da Água e da Madeira. Complemente com Fogo e Metal adicionando uma coluna de tomates fatiados com gotas de Óleo de Pimenta Dedo-de-Moça (página 87), começando na parte superior do prato e dirigindo-se para o lado direito deste.

Frango e Daikon ao Molho de Vinho Tinto Yang

450 gramas de coxas de frango sem ossos e sem pele, cortadas em pedaços de 2 cm
  Sal e pimenta
  2 colheres de sopa de manteiga sem sal dividida em duas porções
 25 gramas de daikon, sem pele, lavados e cortados em pedaços de 2 cm
  1 cebola média cortada em pedaços de 2 cm
  1 1/2 xícara (375 ml) de caldo de galinha
1/2 (125 ml) de vinho tinto
1 ¹/₂ colher de sopa de molho de soja
1 ¹/₂ colher de sopa de açúcar
  1 colher de sopa de mirin (vinho japonês doce usado na cozinha)

1. Tempere bem o frango com sal e pimenta. Derreta uma colher de sopa da manteiga numa panela grande em fogo de médio a alto e ponha o frango. Deixe dourar ligeiramente todos os lados e retire da panela.
2. Ponha o daikon e a cebola na panela e misture por um minuto ou dois até ficarem bem cobertos pela gordura. Agregue o caldo de galinha, cubra e deixe ferver. Destampe, reduza o fogo para médio alto e continue a ferver, mexendo de vez em quando, por mais dez minutos. Acrescente o vinho tinto, o molho de soja, o açúcar e o mirin e continue a cozer por mais dez minutos.
3. Ponha o frango de novo na panela, reduza o fogo para médio e deixe fervendo assim por cerca de cinco minutos mais, até que o frango esteja totalmente cozido e até que o líquido se reduza. Retire do fogo e jogue na panela a colher de sopa remanescente da manteiga. Ajuste o sal e a pimenta a gosto. Sirva em tigelas.

   Serve quatro porções.

A Essência do Prato
Este guisado fácil e elegante apresenta o Fogo — no processo da fervura e da redução sobre as chamas, no sabor agradavelmente amargo do

daikon (um tubérculo semelhante ao rabanete) e na cor vermelha do vinho. Esse prato pode deixá-lo seco e fortalecer você num dia frio e úmido, e proporcionar a mistura de afirmação e sabedoria de que você precisa para fazer as coisas. Um prato de sabor tão profundo e rico também é uma sábia escolha nutritiva, com uma quantidade de gordura relativamente pequena. O daikon ajuda você a digerir a modesta quantidade de manteiga da receita; adicione esse tubérculo a todo prato rico para promover esse tipo de assimilação.

Não experimente este prato se se sentir de ânimo exaltado ou dado à crítica! O daikon, ligado ao Fogo, pode soltar a sua língua.

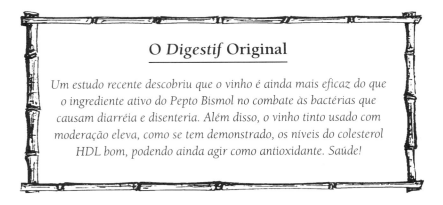

O *Digestif* Original

Um estudo recente descobriu que o vinho é ainda mais eficaz do que o ingrediente ativo do Pepto Bismol no combate às bactérias que causam diarréia e disenteria. Além disso, o vinho tinto usado com moderação eleva, como se tem demonstrado, os níveis do colesterol HDL bom, podendo ainda agir como antioxidante. Saúde!

Opções e Oportunidades
O daikon é uma raiz longa e branca disponível na maioria dos supermercados. Seu sabor vai sendo abrandado perceptivelmente à medida que o cozinhamos, mas não deixe de experimentar quaisquer restos ralados crus como uma vívida guarnição. Se não tiver mirin, você pode usar saquê ou sherry, e ponha uma pitada extra de açúcar.

Complementos
A Salada de Lentilha Apimentada e um copo do vinho que você usa no guisado alimentam ainda mais o Fogo, ou você pode preferir um maior equilíbrio usando uma salada verde e alguma quantidade de pão com casca. Se preferir usar a sua energia Yang para tratar rapidamente de outras coisas, prefira o prato puro como refeição completa.

O Prato Feng Shui

A única escolha de um guisado é ser posto no meio da tigela — o que é perfeito para os tons de Terra deste prato quando pronto.

COSTELA DE LEITÃO COM PIMENTA DEDO-DE-MOÇA E MEL

YANG

- 4 cebolas brancas (as hastes e o bulbo)
- 1 colher de sopa de alho picado
- 1 colher de sopa de gengibre fresco picado
- 1/4 de xícara (60 ml) de mel
- 1 colher de sopa de molho de pimenta dedo-de-moça chinês
- 1/2 xícara (125 ml) de molho de soja
- 1/2 xícara (125 ml) de saquê
- 1 colher de sopa de óleo de gergelim torrado
- 1/2 colher de chá de canela
- 1,3 kg de costelas traseiras de leitão
- 1/2 xícara (125 ml) de água

1. Retire as hastes verdes da cebola e reserve. Pique os bulbos brancos e misture com o alho, o gengibre, o mel, o molho de pimenta, o molho de soja, o saquê, o óleo de gergelim e a canela.
2. Ponha as costelas numa única camada numa frigideira ou tigela não reativas. Espalhe a marinada sobre elas, cubra e deixe descansar por uma hora à temperatura ambiente ou, de preferência, no refrigerador durante a noite, virando algumas vezes.
3. Pré-aqueça o forno a 180 °C. Ponha as costelas e a marinada numa assadeira, cubra com papel de alumínio e asse até que a carne comece a soltar das extremidades dos ossos, durante 45 minutos. Vire de vez em quando as costelas enquanto assam.
4. Enquanto isso, corte a parte superior das hastes de cebola reservadas. Faça um corte vertical a partir do topo de cada caule até mais ou menos 3,75 cm a partir da extremidade inferior. Coloque numa tigela e refrigere.
5. Pré-aqueça a grelha. Retire as costelas da forma. Ponha a assadeira com os sucos do cozimento no fogo médio (use dois queimadores se ela for grande) até que o líquido comece a borbulhar, e dissolva adicionando um pouco de água. Ferva, mexendo os pedaços marrons e caramelizados, até reduzir o líquido a um xarope, o que leva alguns minutos.

6. Grelhe as costelas até dourarem, 4 a 5 minutos no primeiro lado, 3 a 4 minutos no segundo. Sirva com o molho sobre a carne e a guarnição dos anéis formados pelas hastes da cebola.

Serve quatro porções.

A Essência do Prato
Rico, escuro, doce, quente e salgado, este prato traz um amplo espectro de energia Yang e uma série variada de sabores de Terra, Metal e Água. A mastigação dos ossos com o suco escorrendo pelo queixo faz que você volte ao seu eu primitivo. Experimente este prato quando estiver se preparando para algum feito ousado ou um desafio muito difícil.

Complementos
Esfregue em diversos vegetais um pouco de óleo de amendoim e grelhe-os enquanto as costelas cozinham.

Quando você ansiar por energia Yang mas também desejar ser capaz de reduzir o seu ritmo para conseguir dormir, experimente começar com Costelas de Leitão com Pimenta e Mel, seguindo-o de uma refrescante salada, como Mangas Picantes, cuja energia equilibrada facilita a sua transição para o lado mais suave. Termine com as Tortas de Tofu com Chá Verde, uma sobremesa fria Yin cremosa que o levará suavemente ao país dos sonhos.

O Prato Feng Shui
Ponha as costelas escuras e salgadas no guá da Água, na parte inferior do prato, acrescentando acima delas a guarnição de hastes verdes de cebola, na área esquerda da Madeira. Se tiver feito também os vegetais grelhados, arrume-os no resto do prato de acordo com as suas cores elementais.

Tofu Frio com Cebola Branca e Óleo de Gergelim

YIN

1 pedaço de 200 gramas de tofu comum ou suave
1 cebola branca, finamente fatiada
1 colher de sopa de molho de soja
1 colher de chá de óleo de gergelim torrado

1. Seque o tofu com toalhas de papel e ponha-o num pratinho. Espalhe a cebola sobre o tofu. Salpique primeiro o molho de soja e depois o molho de gergelim.
2. Se desejar, refrigere até a hora de servir.

   Serve uma porção.

A Essência do Prato
Esta preparação do superalimento que é o tofu recebe a contribuição de dois elementos adjacentes no ciclo da criação: o Metal (o tofu branco), que melhora o fluxo do ch'i e promove a recuperação, e a Água (o molho de soja escuro e salgado), que concentra ch'i e torna possível o repouso máximo. Trata-se igualmente da essência da simplicidade — um prato rápido diferenciado para refrescá-lo durante ou depois de um dia movimentado, demasiado Yang. E, tendo esse "feijão maior" como sua base, o prato evita que você ingira gorduras e calorias em excesso, ao mesmo tempo que é uma rica fonte de saudáveis fitoestrógenos. Com este prato simples, você pode evitar o câncer de mama, de ovário e do endométrio; baixar o colesterol; diminuir a perda de cálcio dos ossos; e aliviar os sintomas da menopausa. Nada mau para um prato rápido!

Opções e Oportunidades
Altere as proporções de cebola, de molho de soja e de óleo de gergelim para descobrir sua combinação favorita. O prato fica melhor se o tofu tiver um pouco de tempo para absorver os outros sabores; por isso, monte o prato, coloque o recipiente no refrigerador e tire cerca de meia hora para ouvir sua música suave favorita, para tomar um banho relaxante ou para telefonar para um amigo. Quando você se sentar à mesa, a energia Yin já estará fluindo.

> ## Um Produto Básico: Óleo de Gergelim
>
> *Todas as referências ao óleo de gergelim em O Livro da Culinária Feng Shui são feitas ao óleo escuro que se faz das sementes torradas de gergelim. Esse óleo é valorizado pela sua capacidade de proporcionar muito sabor em pequenas quantidades, sendo com freqüência adicionado ao final do cozimento a fim de ter preservada sua delicada intensidade.*

Complementos
Corte um ou dois pepinos em fatias finas e misture com um pouquinho de vinagre de arroz e uma pitada de açúcar. Deixe marinar por um curto espaço de tempo no refrigerador.

O pepino também é um delicioso antepasto, servido com biscoitos de gergelim ou de arroz e com uma faca para fatiar.

O Superalimento Promotor do Ch'i: A Soja

A palavra chinesa para "soja" se traduz como "feijão maior" — e uma alimentação rica em soja é por certo uma das principais razões pelas quais os asiáticos têm uma saúde tão boa. Com fitoestrógenos para bloquear o câncer de mama; genisteína para acabar com células cancerosas de todo tipo; e uma gama de outras substâncias fitoquímicas capazes de alongar a vida, como as isoflavonas, as saponinas, os inibidores da protease e os fenóis; nutrientes comuns como a proteína vegetal completa, o ferro, o fósforo, o potássio e o cálcio; e a capacidade de reduzir os níveis de colesterol LDL ruim e de elevar bastante os do colesterol HDL bom, aliviar os sintomas da menopausa e aumentar a densidade óssea, não há alimento mais "super" do que a soja.

E que superalimento poderia ser menos apreciado por cozinheiros e consumidores de alimentos ocidentais? A forma mais fácil e mais proveitosa de ingerir soja pode ser a forma do tão mal-afamado tofu. Se você tem aversão a tofu, leia mais um pouco para descobrir que um pouco de conhecimento sobre esse feijão vale bem a pena. O seu ch'i vai lhe agradecer pelo ato de fé que você vai fazer para experimentar a soja.

Frescor
Como ocorre com todo alimento simples, a qualidade do tofu é de fundamental importância (pense na diferença entre o esponjoso pão comercial e um pão artesanal com massa fermentada integral recém-assado). Por isso, procure uma marca de tofu que você gosta e ingira-o enquanto estiver fresco. Compre tofu que traga a data de validade estampada no pacote e, no caso de pacotes fechados a vácuo, não espere até o dia de vencimento da validade que pode durar meses! Quando abrir o pacote, guarde o tofu mergulhado numa água que você deve trocar todos os dias e coma-o em até uma semana.

Pressão
O tofu é formado de 80 a 85 por cento de água, maior até que a densidade de água do corpo humano, e a textura branda resultante é um problema inicial para alguns processos de cozimento. Para nossa felicidade, isso se resolve facilmente quando o pressionamos. Envolva o seu tofu em toalhas de papel ou panos de prato limpos, ponha num prato ou frigideira com borda, ponha outro prato ou frigideira sobre ele e ponha peso em cima: algumas latas, uma frigideira de ferro ou algum objeto pesado que você tiver à mão. Deixe-o assim de vinte minutos a uma hora, a depender do tempo disponível que você tenha, e escorra a água acumulada sempre que puder. Quanto menor a peça, quanto mais demorada a pressão, quanto mais pesado o peso usado e quanto mais freqüente a ati-

vidade de escorrer a água, tanto mais firme será o seu tofu. Você pode até trocar as toalhas de vez em quando se for fanático. De modo geral, toda pressão, mesmo de cinco minutos, ajuda o tofu a conservar a forma e a absorver outros sabores; assim, faça aquilo que funciona para a sua disponibilidade de tempo e o seu paladar. Alguns pratos se beneficiam da textura naturalmente suave do tofu — por exemplo, a Sopa de Miso — e não requerem pressão.

Firmeza
Compre tofu firme para grelhar, mole para sopas, mole ou regular para pratos crus, como Tofu Frio com Cebola Branca e Óleo de Gergelim ou Salada Yin-Yang, e tofu de consistência regular para outros usos. Cuidado com o tofu extrafirme e com algumas marcas de tofu, que vêm coagulados e que ficam parecendo borracha, desprovidos da textura aveludada e do sabor delicado que constituem as qualidades peculiares do tofu. Vale a pena reservar um tempo para tirar, por meio da pressão, a água do tipo mole ou regular de tofu a fim de obter um resultado mais delicado. Nem todas as marcas de tofu são iguais, e as marcas de estilo japonês são de modo geral mais tenras ou moles do que as do estilo chinês.

Congelamento
Congelar o tofu é algo que, na verdade, melhora a sua textura ao ajudá-lo a eliminar o excesso de água, ainda que esse processo mude sua cor branca pura numa tonalidade que lembra mais a carne. Execute o processo de pressão do tofu, deixe-o marinar se quiser, embale-o bem por ao menos uma noite, e preferivelmente por alguns dias. Você pode descongelar rapidamente o tofu pondo-o numa frigideira, cobrindo-o com água fervente e deixando-o aí por um período de dez a quinze minutos. Lave-o em água fria e seque-o com toalhas de papel. Você pode congelar o tofu em fatias e usá-lo assim, ou cortar em pedaços um bloco descongelado e usá-lo como carne. Os resultados do ponto de vista da mastigação são particularmente atrativos para carnívoros declarados.

    Outra coisa em favor do tofu: ele é fácil de digerir e não causa preocupações. Os próprios chineses não concordam sobre se o tofu tem algum sabor — mas isso o torna ainda mais valioso pela sua capacidade de absorver e combinar os sabores dos alimentos com os quais é cozido. Pense nele como a comida do Zen.

Risoto de Camarão com Coco — Equilibrada

  2   xícaras (500 ml) de caldo de galinha
225   gramas de camarão cru pequeno com casca
  1   colher de sopa de óleo de amendoim
  1   cebola pequena cortada em fatias
  1   xícara (250 ml) de leite de coco engarrafado (não é creme do coco)
  1   xícara (250 ml) de arroz Arborio
1/2   xícara (125 ml) de vinho branco seco
1/4   de xícara (60 ml) de grãos de milho
1/4   de xícara (60 ml) de ervilhas
1/4   de xícara (60 ml) de cajus cortados grosseiramente
      Pimenta caiena esmagada
      Sal e pimenta fresca

1. Leve o caldo de galinha a ferver em fogo baixo numa frigideira larga o suficiente para caber o camarão numa única camada. Adicione o camarão e deixe na fervura até ficar simplesmente firme e avermelhado, mexendo para virar, cerca de três a cinco minutos. Remova o camarão com uma escumadeira, reserve o líquido e deixe esfriar. Coe o caldo com um coador de algodão numa pequena panela. Descasque o camarão e guarde.
2. Aqueça o óleo de amendoim numa panela pesada em fogo médio. Agregue a cebola e cozinhe até ficar mole e translúcida, durante cinco minutos. Enquanto isso, misture o leite de coco com o caldo reservado e ponha em fogo baixo.
3. Acrescente o arroz às cebolas e refogue-o até ficar perolado, cerca de 1 minuto. Ponha o vinho branco e cozinhe até que o líquido esteja quase evaporado. Ponha 1/2 xícara (125 ml) da mistura quente do caldo com o leite de coco e deixe ferver em fogo brando, mexendo freqüentemente e ajustando o calor como for necessário, até que o líquido esteja praticamente absorvido. Adicione a outra 1/2 xícara da mistura do caldo, mexendo e deixando ferver até que o líquido esteja quase absorvido, que o arroz esteja simplesmente tenro e o caldo quase acabado.

4. Com o último acréscimo de líquido, acrescente o camarão, o milho e as ervilhas. Cozinhe até ficar cremoso; o arroz deve estar macio mas ainda intacto.
5. Retire do fogo e misture os cajus, as caienas, uma quantidade generosa de sal e pimenta a gosto. Sirva imediatamente.

Serve quatro porções, a não ser que você esteja muito faminto.

A Essência do Prato
A preparação do risoto demonstra a sinergia entre os elementos opostos da Água e do Fogo. Quando estão em sua relação adequada, esses elementos produzem energia para cozinhar o arroz de maneira perfeita — tal como no caractere chinês que descreve o ch'i. Há porém tensão e perigo no arranjo. Se o Fogo tiver chamas demasiado quentes, a Água evapora e o prato queima; se a Água fervente derrama, o Fogo se extingue. A feitura do risoto requer que você modere constantemente o calor e o acréscimo de líquido, mantendo condições excepcionalmente propícias e observando tudo com cuidado para evitar qualquer revés. É uma boa lição de vida.

Mistura harmoniosa de camarão e vinho (que têm natureza Yang), caldo (Yin) e arroz (neutro), o Risoto de Camarão com Coco personifica o equilíbrio. Internalize esse equilíbrio de energia enquanto cria a imagem visual do ch'i na sua cozinha.

Opções e Oportunidades
Você pode ganhar tempo usando camarões cozidos e pulando o passo 1, o que resulta num caldo ligeiramente menos saboroso. Mas não deixe de usar milho e ervilhas frescos se os tiver! Acrescente-os um pouco antes no processo do cozimento. Se preferir um prato vegetariano, use caldo de legumes no lugar do de galinha, não use o camarão e aumente os legumes e os cajus.

Para compor o prato, acrescente uma guarnição de 1/2 xícara (125 ml) de coco ralado adoçado misturado com uma boa dose de pimenta caiena e assado no forno a 180 °C por mais ou menos cinco minutos. Salpique sobre cada prato do risoto.

Complementos

Experimente um delicado Sauvignon Blanc como o Bernardus Monterey County. Adicione uma salada crocante e talvez uma fatia da aromática Torta de Lima para terminar.

O Prato Feng Shui

Sirva o risoto num prato preto e você terá todo o espectro de cores feng shui — ervilhas verdes, camarão avermelhado, arroz de leite de coco branco e milho amarelo, todos sobre um dramático pano de fundo preto. Você vai recuperar o equilíbrio só de olhá-lo.

CARANGUEJO COM BEURRE BRUN DE GENGIBRE

EQUILIBRADO

2 xícaras (500 ml) de vinho branco seco
1/4 de xícara (60 ml) de vinagre balsâmico
1 colher de sopa de gengibre fresco picado
1 colher de sopa de chalota picada
1/2 xícara de manteiga sem sal cortada em pedaços
   Sal e pimenta a gosto
2 caranguejos grandes inteiros cozidos, partidos e resfriados

1. Misture o vinho, o vinagre, o gengibre e a chalota numa panela pequena. Leve a ferver, reduza o fogo para médio e deixe ferver até se reduzir a uma cobertura.
2. Remova do fogo e vá pondo gradualmente a manteiga. Misture com sal e pimenta a gosto. Sirva imediatamente como molho onde molhar o caranguejo.

   Serve quatro porções.

A Essência do Prato
Na China, o caranguejo é uma iguaria muito elogiada, considerada muito romântica. E quando ingerida com o gengibre e o vinho, que produzem calor, essa comida tão fria se torna um símbolo do equilíbrio. Embora isso se faça tradicionalmente mergulhando o caranguejo num molho de gengibre e vinagre e bebendo vinho para acompanhar, este prato põe o vinho dentro do molho e complementa o doce sabor do caranguejo num estilo rico e elegante.

Trata-se de um prato para ocasiões especiais, representando com seus sabores ou cores os Cinco Elementos e evocando a harmonia entre o céu e a terra.

Opções e Oportunidades
Os chineses preferem as caranguejas, especialmente as que vêm cheias de ovas. Peça ao seu fornecedor de peixes que quebre o caranguejo; você ainda vai precisar de algo para quebrar para completar o trabalho à mesa.

Sirva o molho em potinhos individuais e prepare-se para uma experiência de jantar com as mãos na massa.

Se preferir um molho mais tradicional sem gordura extra, misture 1/4 de xícara (60 ml) de molho de soja e 1/4 de xícara de vinagre balsâmico com uma colher de sopa de gengibre fresco picado. Deixe pegar o gosto por algum tempo antes de servir.

Complementos
Empadas de Tomate com Abacate e Creme é uma salada perfeita, que pode ser servida como primeiro prato ou junto com esse prato. Se fizer uma incursão gastronômica, equilibre o Yin das Empadas com fatias finas do Bolo de Amêndoas Temperado como sobremesa.

Trata-se de fato de uma auspiciosa refeição.

O Prato Feng Shui
Ponha um potinho de molho no centro de cada prato, em que a cor amarronzada do molho ativa a Terra, e arrume as pernas de caranguejo ao redor dele formando raios. Ponha o corpo dos caranguejos numa bandeja (na China, as bandejas cor de ouro são as preferidas para servir caranguejos) no centro da mesa e deixe que as pessoas vão quebrando os pedaços como quiserem para conseguir a prestigiosa carne branca que há dentro da carapaça.

CAMARÃO EMBEBIDO EM VINHO   YANG

2 colheres de sopa de manteiga sem sal
2 colheres de sopa de azeite de oliva
1 cebola vermelha, cortada pela metade no sentido do comprimento e fatiada finamente no sentido vertical
6 dentes de alho grandes, picados
1 ½ xícara (375 ml) de caldo de peixe ou de marisco
3/4 de xícara (180 ml) de vinho branco seco
1/2 a 1 colher de chá de flocos de pimenta vermelha
1/2 colher de chá de sal
675 gramas de camarões graúdos (31-35 camarões por 450 gramas), sem casca e, se você preferir, sem tripas
2 tomates grandes sem pele e cortados
1/4 de xícara (60 ml) de salsa italiana picada
Pimenta preta fresca

1. Aqueça a manteiga e o óleo numa panela para sopa em fogo médio. Acrescente a cebola e refogue até amolecer e ficar ligeiramente caramelizada, por cerca de dez minutos. Agregue o alho e mexa até despertar a fragrância, mais um a dois minutos.
2. Misture o caldo de peixe ou de marisco, o vinho, os flocos de pimenta e o sal. Aumente o fogo e deixe ferver.
3. Acrescente o camarão, os tomates e a salsa e deixe ferver em fogo médio, mexendo de vez em quando, até que o camarão esteja cozido por inteiro, durante cinco minutos. Polvilhe com alguma pimenta preta e ajuste o sal e a pimenta vermelha a gosto. Sirva em tigelas.

Serve quatro porções.

A Essência do Prato
Esta não é, estritamente falando, a refeição em que cada comensal cozinha porções individuais de carne e de vegetais à mesa numa caçarola central de caldo, como no fondue. Mas o guisado é do Fogo e é feito numa caçarola! O camarão é um alimento de essência quente e, aqui, ele

se junta ao vinho e à pimenta vermelha para proporcionar uma emocionante experiência Yang.

O Metal e o Fogo, o quente e o vermelho, dão a garantia de que este prato vai deixá-lo com vivacidade, estimulado e com a corda toda. O Camarão Embebido em Vinho é uma comida destinada a provocar opiniões afirmativas; experimente este prato para um jantar bem animado.

Opções e Oportunidades

Você pode tirar as tripas do camarão se quiser. Depois de remover a casca, empurre ou arranque a fina tripa azul que percorre as costas do molusco. Mas essa tarefa, que leva tempo, provoca apenas um pequeno ganho estético que vai se perder no guisado, e a energia do Fogo não alimenta a paciência para cuidar desses detalhes.

Complementos

Você vai precisar de uns pedaços de pão artesanal crocante para umedecer no caldo e talvez de alguns pimentões vermelhos assados jogados no vinagrete para servir como salada fria.

O Prato Feng Shui

Coloque a tigela sobre uma grande travessa com a salada de pimentões vermelhos na parte superior para criar outro jorro de Fogo. Acompanhe com um pedaço de pão colocado à direita, no quadrante do Metal.

Torta de Berinjela, Tomate e
Queijo de Leite de Cabra   Yin

225 gramas, cerca de três tomates grandes, finamente fatiados
  1 chalota picada
450 gramas de berinjela japonesa (4 ou 5), cortadas na diagonal em rodelas de meio centímetro
    azeite de oliva
  2 ovos
3/4 de xícara (180 ml) de leite
1/2 colher de chá de sal
  1 pitada de noz-moscada
    Pimenta fresca
  1 forma de torta de 23 cm de profundidade
140 gramas de queijo suave de leite de cabra
  1 pacote de folhas de espinafre frescas (50 gramas), finamente cortadas

1. Arrume os tomates num prato, numa única camada, e borrife com a chalota cortada e sal e pimenta a gosto. Deixe marinar.
2. Ponha a base da grelha a 7,5 cm do fogo e pré-aqueça. Pincele generosamente duas folhas de papel de alumínio com azeite de oliva e organize as fatias de berinjela numa única camada. Ponha um pouco mais de azeite na berinjela para cobrir e tempere com sal e pimenta.
3. Grelhe a berinjela até que a parte de cima fique ligeiramente gratinada, uns três minutos. Vire, tempere os outros lados e grelhe até amarronzar, cerca de dois minutos mais. Retire da grelha e aqueça o forno a 190 °C.
4. Numa tigela pequena, bata ligeiramente os ovos. Acrescente o leite, o sal, a noz-moscada e pimenta fresca a gosto.
5. Ponha a metade das berinjelas na forma de torta e pulverize sobre ela a metade do queijo de leite de cabra. Cubra com a metade dos tomates, desprezando todo o líquido acumulado no prato, cubra tudo com o restante do espinafre. Faça mais uma camada de berinjela, de queijo de cabra e de tomate; em seguida acrescente o creme de leite com cuidado.
6. Asse a torta por um período entre 45 e 50 minutos, até o creme de leite assentar e a parte superior ficar gratinada. Esfrie a torta intei-

ramente num suporte e então ponha-a no refrigerador até a hora de servir.

Serve quatro porções.

A Essência do Prato
A berinjela e o tomate são membros particularmente Yin do mundo das plantas porque são fêmeas que portam sementes. Sua função biológica está embutida na sua aparência. Compare suas formas suaves e arredondadas com, por exemplo, uma longa e dura cenoura. O espinafre também é um vegetal muito frio e que adiciona algumas vitaminas e minerais de alta potência. As cores da torta formam uma linda gama de cores para os seus olhos: a massa branca (Metal), a berinjela preta (Água), o espinafre verde (Madeira) e os tomates vermelhos (Fogo).

Esta torta pode fazer aparecer o seu lado feminino quando você quiser contemplar, refletir ou abrir-se a novas idéias. Corte uma fatia e relaxe.

Opções e Oportunidades
Se estiver usando uma massa de torta congelada numa forma fina de alumínio, proteja-se de transbordamentos pondo uma folha de papel de alumínio na parte inferior da forma. Você pode ajustar a quantidade de azeite de oliva ao seu gosto e de acordo com a sua dieta; uma quantidade generosa vai produzir uma berinjela mais mole e tenra.

Complementos
Misture mais algumas folhas de espinafre fresco ao suco de limão ou ao vinagre (cuja acidez reforça a cor verde para proporcionar-lhe um pouco mais da energia da Madeira) e com um pouco de azeite de oliva.

O Prato Feng Shui
Ponha a fatia de torta, avermelhada pelo tomate, na parte superior do prato (o quadrante sul do Fogo no ba-guá), com a ponta voltada para o centro, e guarneça com a salada de espinafre, no quadrante esquerdo da Madeira.

Filé Mignon Assado com Molho de Cogumelo Silvestre e Batatas Amassadas em Arugula

Yang

Batatas Amassadas em Arugula
675 gramas de batatas, sem casca e cortadas em quatro
2 pacotes de dezoito gramas cada de arugula (espécie de couve sem cabeça)
3/4 de xícara (180 ml) de leite quente, ou mais, se necessário
2 colheres de sopa de manteiga sem sal amaciada
   Sal e pimenta a gosto

Bifes de Filé
4 bifes de filé mignon, cerca de 450 gramas no total
1 colher de chá de vinagre balsâmico
1 colher de chá de molho de soja
1 colher de chá de azeite de oliva
   Sal e pimenta
2 colheres de sopa de manteiga sem sal
1 chalota grande, cortada
170 gramas de cogumelos shiitake, sem raízes e cortados em fatias espessas (1/2 cm)
1 1/2 xícara (375 ml) de vinho tinto
1 xícara (250 ml) de caldo de galinha
1/2 xícara (125 ml) de creme de leite espesso

Preparo das Batatas
1. Ponha as batatas numa panela grande e adicione água até cobrir. Ponha um pouco de sal e leve a ferver, com a panela ligeiramente tampada, e cozinhe até que as batatas fiquem bem tenras, durante cerca de dez a quinze minutos.
2. Enquanto isso, leve uma panela menor de água a ferver e escalde as folhas de arugula até ficarem verdes escuras, cerca de 45 segundos. Escorra inteiramente numa peneira, transfira para um processador de alimentos e bata até virar purê.
3. Quando as batatas estiverem prontas, escorra-as e ponha-as de volta na panela. Ajuste o fogo para médio e sacuda-as na panela por uns

quinze segundos para secá-las, o que melhora a sua textura. Retire do fogo.
4. Agregue duas colheres de sopa do leite quente à panela e bata com um mixer em velocidade média até ficar por igual. Continue a acrescentar leite quente, alternando com a manteiga, em duas vezes. Bata com o purê de arugula. Tempere generosamente com sal e pimenta fresca e mantenha aquecido.

Preparo dos bifes de filé
1. Ponha os bifes numa bandeja e esfregue neles o vinagre balsâmico e o molho de soja, e depois o azeite de oliva. Tempere dos dois lados com sal e pimenta e deixe marinar à temperatura ambiente. Prepare a grelha ou a pré-aqueça.
2. Misture a manteiga numa panela média em fogo de médio a alto. Ponha a chalota e os cogumelos, acrescente uma pitada de sal e mexa bem. Refogue, mexendo de vez em quando, até que os cogumelos tenham soltado e reabsorvido o líquido.
3. Ponha o vinho tinto na panela, raspando pedaços marrons de sua superfície e fervendo por vários minutos até o líquido ser reduzido pela metade. Ele ficará com a consistência do xarope, e os cogumelos estarão bastante embebidos em vinho. Reduza o fogo para médio.
4. Ponha o caldo e o creme de leite e ferva em fogo brando o molho, com cuidado, até reduzi-lo pela metade, o que leva cerca de dez minutos. Tempere a gosto com sal e pimenta.
5. Enquanto isso, grelhe os bifes durante dois minutos por lado para deixá-los mal passados (à maneira Yang). Se preferir, continue a cozê-los na extremidade da grelha até o ponto desejado ou reduza o termostato do forno a 190 °C e ponha-os na grade do meio. Sirva com o molho.

Serve quatro porções.

A Essência do Prato
A cor vermelha do bife e do vinho e a extremidade sutilmente amarga da arugula invocam o Fogo — fama, energia, júbilo, coração. Este é um prato de poder, de celebração e de sol brilhante. É rico em proteínas para fortalecer as células do seu corpo e para produzir a liberação das subs-

tâncias químicas vinculadas com o estado de alerta, como a norepinefrina, em seu cérebro para que você fique atento e criativo. A acidez destacada se faz sentir na redução do vinho, e o vinagre balsâmico acentua a riqueza do filé mignon e do creme de leite; os cogumelos silvestres têm um gosto selvagem e livre; e a carne assada é um símbolo primevo da masculinidade Yang.

O Filé Mignon Assado é o alimento estimulante de quem faz coisas. Crie-o e coma-o com confiança e energia.

Carne e Tofu, Amor e Guerra

Na literatura chinesa, o tofu é o alimento preferido nas histórias românticas e de amor, enquanto os romances históricos e de guerra se referem primordialmente à carne e ao vinho. Isso tornaria este prato mais adequado ao campo de batalha do que à cama... Mas você sempre pode compensar suas características com a sobremesa Borboleta Yin-Yang (ver página 226).

Opções e Oportunidades

O prato é rico porque a energia Yang gosta de um pouco de gordura! Se preferir uma versão vegetariana, substitua a carne por alguns cogumelos grandes e carnudos como os Portabella (regue com um pouco de azeite e tenha muito cuidado ao grelhar), e use caldo de legumes em vez de caldo de galinha. Para obter a mais pura qualidade da chama, use carvão feito com a madeira da algarobeira e um acendedor sem fluido numa grelha coberta. Se usar a grelha do fogão, posicione-a entre dez e quinze centímetros afastada do fogo. Para fazer o molho antecipadamente, prepare a partir do passo 3 e deixe-o à temperatura ambiente por um bom número de horas antes de continuar.

Complementos

Beba vinho tinto com este prato; pode ser o que você usou no molho. Para uma refeição bastante Yang, termine com os Brownies Escuros.

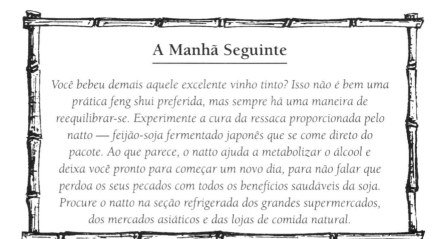

A Manhã Seguinte

Você bebeu demais aquele excelente vinho tinto? Isso não é bem uma prática feng shui preferida, mas sempre há uma maneira de reequilibrar-se. Experimente a cura da ressaca proporcionada pelo natto — feijão-soja fermentado japonês que se come direto do pacote. Ao que parece, o natto ajuda a metabolizar o álcool e deixa você pronto para começar um novo dia, para não falar que perdoa os seus pecados com todos os benefícios saudáveis da soja. Procure o natto na seção refrigerada dos grandes supermercados, dos mercados asiáticos e das lojas de comida natural.

O Prato Feng Shui
Para ter uma amostra do Fogo vermelho deste prato, corte cada bife em fatias. Ponha os cogumelos na parte superior do prato, organize as fatias de carne sobre eles e ponha o resto do molho em cima de tudo. Sirva as batatas brancas com seu toque verde na parte esquerda para ativar o elemento Madeira (família e saúde, lealdade e perdão) ou à direita, para ativar o Metal (filhos, princípios).

Macarrão com Amendoim dos Cinco Elementos

Equilibrada

- 1 pimentão vermelho, cortado em fatias finas no sentido do comprimento
- 1 pimentão amarelo, cortado em fatias finas no sentido do comprimento
- 2 xícaras (500 ml) de flores de brócolos (cerca de 1/2 cabeça)
- 340 gramas de talharim asiático fresco (pode ser o talharim com ovos chinês, o mein, o yakisoba, etc.)
- 1/2 xícara (125 ml) de castanhas d'água, cortadas, lavadas e escorridas
- 2 cebolas brancas, fatiadas

Molho de Amendoim
- 1/2 xícara (125 ml) de manteiga de amendoim cremosa
- 1 colher de sopa de alho picado
- 1 colher de sopa de gengibre fresco picado
- 1 pimenta dedo-de-moça, sem sementes e picada
- 1 1/2 colher de chá de açúcar
- 1/2 colher de chá de sal
- 2 colheres de sopa de molho de soja
- 1/4 de xícara (60 ml) de vinagre de arroz
- 1/2 xícara (60 ml) de água quente
- 2 colheres de sopa de óleo de gergelim
- 1/2 a 1 colher de chá de óleo de pimenta (veja receita na página 87 ou compre na seção asiática do supermercado)

1. Ponha uma panela grande com água para ferver. Usando um escorredor de macarrão, se tiver, agregue os pimentões e os brócolos e escalde até ficarem tenros, durante cerca de quatro minutos. Remova-os com o escorredor de macarrão ou com uma escumadeira, escorra e lave em água fria para interromper o cozimento.
2. Ponha o talharim na água fervente e cozinhe até que ele suba e esteja pouco mais do que *al dente*, cerca de três minutos. Escorra, lave na água quente e ponha um pouco de óleo de gergelim. Deixe o talharim e os legumes no refrigerador até a hora de servir.

3. Para o molho, misture a manteiga de amendoim, o alho, o gengibre, a pimenta dedo-de-moça, o açúcar, o sal, o molho de soja e o vinagre. Adicione a água quente e mexa até ficar por igual e, em seguida, vá pondo aos poucos, misturando, o óleo de gergelim e o óleo de pimenta a gosto. Reserve à temperatura ambiente para misturar os sabores durante várias horas; se você estiver fazendo bem antes da hora de servir, deixe no refrigerador e faça voltar à temperatura ambiente antes de servir.
4. Para servir, ponha o talharim resfriado junto com metade do molho e organize nos pratos. Ponha sobre eles os vegetais escaldados e as castanhas; derrame o resto do molho e guarneça com as cebolas.

Serve quatro porções.

A Essência do Prato
Esta receita equilibra o crocante puro dos vegetais, a mordida tenra do talharim e a riqueza do molho de amendoim para compor um prato que, embora forte e satisfatório, é vegetariano e contém pouca gordura saturada. Os pimentões, os brócolos e as castanhas representam as cores da Madeira, do Fogo, do Metal e da Terra, enquanto um forte sabor salgado dá a contribuição da Água. Frua a harmonia dos Cinco Elementos nesta receita quando estiver em busca de um modelo de equilíbrio a que imitar ou quando quiser prolongar um momento de equilíbrio na sua vida. O talharim chinês (a primeira massa do mundo) é um símbolo de longevidade; por isso, procure os mais compridos que puder encontrar!

Opções e Oportunidades
Para variar a receita dando-lhe um toque indonésio, substitua o molho de amendoim pelo da receita dos Filés de Cordeiro com Molho de Amendoim, na página 157. Você pode querer substituir os brócolos por aspargos e as castanhas por pepinos.

Complementos
Este prato rico requer poucos acréscimos, mas você pode coroar o tema do equilíbrio com um *finale* espetacular dos Sundaes de Fogo e Gelo.

O Prato Feng Shui

Simbolize a confluência completa dos Cinco Elementos misturando os vegetais e espalhando-os sobre os talharins, ou enfatize suas propriedades pondo os brócolos à esquerda, os pimentões vermelhos na parte superior, as castanhas à direita e os pimentões amarelos no centro.

FRITADA MEXIDA FLEXÍVEL EQUILIBRADA

- 4 colheres de sopa de molho de soja, em duas porções
- 1 colher de sopa de sherry ou de vinho de arroz Shaoxing
- 1 colher de sopa de amido de milho
- 1 colher de chá de óleo de gergelim torrado
- 1 colher de sopa de alho picado
- 1 colher de sopa de gengibre fresco picado
- 225 gramas de peito de frango sem ossos e sem pele cortado em cubos de 1,25 cm (*e/ou carne de porco, carne de vaca, camarões, tofu*)
- 2 xícaras (500 ml) de repolho napa, em fatias finas (cerca de 1/4 de cabeça) (*e/ou bok choy, brócolos, couve-flor*)
- 1 cenoura, sem pele e cortada em fatias finas (*e/ou aipo*)
- 1 pimentão verde grande, cortado em fatias finas no sentido do comprimento (*e/ou abóbora, castanhas d'água, brotos de feijão*)
- 1 xícara (mais ou menos 65 gramas) de cogumelos, shiitake ou cultivados, cortados
- 1 xícara de vagem de ervilha chinesa (aproximadamente 85 gramas), com as extremidades cortadas e os fios arrancados (*e/ou ervilhas frescas ou congeladas*)
- 4 cebolas brancas fatiadas
- 2 colheres de sopa de óleo de amendoim
- 3 xícaras (750 ml) de arroz cozido à sua escolha (*ou talharim cozido*)

1. Num prato fundo, misture uma colher de sopa do molho de soja, o sherry, o amido de milho, o óleo de gergelim, o alho e o gengibre. Adicione o frango, misture bem e reserve para marinar enquanto você prepara os vegetais.
2. Reúna os vegetais da seguinte maneira: a) repolho napa e cenouras, b) pimentão, cogumelos e vagens de ervilha, c) cebolas.
3. Ponha uma wok ou uma frigideira grande em fogo alto até ficar bem aquecida; agregue o óleo de amendoim e espere alguns segundos até que esquente. Acrescente os ingredientes na ordem indicada a seguir e durante os intervalos especificados, mexendo constantemente:

a) O frango com sua marinada, cerca de um minuto e meio, até que desapareça toda a cor rosada.
b) O repolho e as cenouras, cerca de um minuto e meio; o repolho deve ficar ligeiramente macio.
c) Os pimentões, os cogumelos e as vagens de ervilha, cerca de dois minutos ou até que os cogumelos fiquem tenros.
d) As cebolas, um minuto.
e) As três colheres de sopa remanescentes do óleo de soja, um minuto.
4. Sirva sobre arroz quente.

Serve quatro porções.

A Essência do Prato
Uma fritada mexida personifica a saudável estética chinesa do equilíbrio e da variedade. Casando a carne Yang com os vegetais Yin sobre uma camada branca de arroz neutro, ela oferece as proporções de proteínas, de carboidratos, de fibras e de vitaminas e minerais que, como se viu, promovem a saúde e a energia.

Os vegetais que são ingredientes da receita básica cobrem todo o espectro feng shui — as vagens de ervilha verdes e as cebolas, a Madeira, os pimentões vermelhos, o Fogo, as cenouras laranja, a Terra, o arroz branco e o repolho, o Metal, e o molho de soja e os cogumelos pretos, a Água. Há também alguns superastros nutricionais. As substâncias fitoquímicas das cenouras, do repolho e dos pimentões estão associadas à redução do risco de câncer e de doenças cardíacas, e sabe-se que os cogumelos reforçam o sistema imunológico.

Você pode impor outro equilíbrio à combinação dos elementos fazendo suas próprias variações, adicionando ingredientes que ofereçam as forças elementais de que você precisa neste momento.

Opções e Oportunidades
Uma boa Fritada Mexida é flexível, o que quer dizer que pode adaptar-se aos ingredientes de que você dispõe e que você gostaria de comer. Esta receita é desenvolvida em favor da variação, permitindo que você substitua ou adicione ingredientes de acordo com a qualidade deles, com a disponibilidade do seu refrigerador ou com os caprichos da sua fome.

Siga apenas o modo de juntar os ingredientes e os tempos indicados para que os vegetais mais duros possam cozinhar um pouco mais e os delicados não virem purê. Se preferir brócolos ou couve-flor e gostar deles mais lisos, você pode primeiro escaldá-los em água fervente.

Se preferir usar as sobras de alguma refeição, adicione-as no passo d, quando incluir as cebolas. Misture a marinada separadamente e acrescente-a com o passo c. O tofu vai ficar melhor se você retirar o excesso de água antes de cortá-lo em cubos e mariná-lo (veja a página 130).

Corte os pimentões pelo meio e retire as sementes; depois, corte-os em quatro, no sentido vertical, seguindo as nervuras naturais. Corte cada quarto em tiras finas.

Na altura do último passo deste prato, os vegetais deverão já ter produzido sucos naturais suficientes para você usar como molho. Se isso não acontecer, você pode pôr um pouco de caldo de galinha ou de legumes para se assegurar de que a mistura umedeça o arroz. Há quem goste de espalhar um pouco de óleo de gergelim fresco sobre o prato acabado.

Complementos
Este prato possui todos os ingredientes básicos. Termine a refeição com Mangas Picantes e dê a si mesmo uma ajuda para uma refeição saudável.

O Prato Feng Shui
A Fritada Mexida Flexível deve ocupar o prato inteiro, na qualidade de imagem mista das muitas cores, texturas, sabores e sentidos da vida trabalhando juntos para formar um todo.

O Arroz está Pronto

Na China, a expressão "o arroz está pronto" significa que o jantar está servido, indicando a posição que ocupa esse grão macio no âmago da refeição. Embora hoje o arroz seja um produto básico em todo o mundo, acredita-se que a China é a sua terra natal, e ele é encarado com muita seriedade nos círculos culinários do país. Embora tenham sido os primeiros a descobrir que descascar o arroz pode causar deficiência de vitaminas, tendo em conseqüência iniciado a história das pesquisas sobre doenças vinculadas com deficiências, mesmo assim eles insistem no arroz branco por causa de sua perfeita pureza. Servir arroz integral aumenta o conteúdo vitamínico e de fibras, mas prejudica a imagem do branco puro no seu prato.

Com um mundo de arroz hoje disponível nos Estados Unidos — basmati, jasmim, arroz pegajoso de grão curto, etc. —, você pode explorar as nuanças desse antigo produto básico em intermináveis permutações.

Para cozinhar arroz branco de grãos longos, lave-o e cubra-o com água numa quantidade que fique 2,5 cm acima da camada de arroz (se os seus dedos tiverem o tamanho regular, você pode usar os nós deles como medida). Leve a ferver, mexa e reduza para fogo brando. Cubra e cozinhe até ele ficar tenro e o líquido ser absorvido, durante mais ou menos quinze minutos. Afofe com um garfo.

É de esperar que o arroz mais ou menos triplique de volume no final do cozimento.

Solha Escaldada na Toranja com Molho de Agrião

Yin

1 maço de agrião sem os caules duros
1/2 xícara (120 ml) mais duas colheres de sopa de creme azedo
2 colheres de sopa de maionese
1 chalota picada
1/2 colher de chá de mostarda de Dijon
1/4 de colher de chá de sal
   Pimenta preta fresca
1 colher de sopa de azeite de oliva
4 filés de solha de 170 gramas
3/4 de xícara (180 ml) de suco de toranja fresca (de uma toranja)

1. Para fazer o molho, corte uma quantidade de folhas de agrião equivalente a uma colher de sopa. Misture com o creme azedo, com a maionese, com a chalota, com a mostarda, com o sal e com a pimenta e misture. Cubra e refrigere até a hora de servir.
2. Misture o resto do agrião com o azeite de oliva e o sal e a pimenta a gosto. Reserve.
3. Tempere os dois lados da solha com sal e pimenta a gosto e arrume numa frigideira larga. Derrame o suco de toranja sobre o peixe e marine por um período entre dez e quinze minutos.
4. Ponha a frigideira em fogo alto somente até que o líquido comece a borbulhar; reduza imediatamente o fogo para baixo e refogue até que o peixe se desfaça com o garfo, cerca de um minuto por lado.
5. Para servir, ponha a salada de agrião nos pratos, coloque o peixe na parte superior e ponha com a colher um pouquinho do líquido resultante do refogado para umedecer. Ponha por cima o molho de agrião.

   Serve quatro porções.

A Essência do Prato
A solha talvez seja o peixe mais delicado, não tendo nada igual, no mar ou na terra, que equivalha ao seu sabor doce e à sua textura crocante. Quanto mais lentos os movimentos do peixe e quanto mais branca a sua

carne, tanto mais Yin ele é na natureza; aqui, a branca e lenta solha se combina com a energia fria do agrião e da toranja (que são ambos alimentos anticarcinogênicos) para criar um prato calmante que é sutil e rico.

Com a energia da Madeira que vem do agrião verde e da toranja ácida, e com o Fogo complementar contido no agrião, a Solha na Toranja é purificadora e boa para a circulação — um desintoxicante refrescante quando você se sentir irado e confuso.

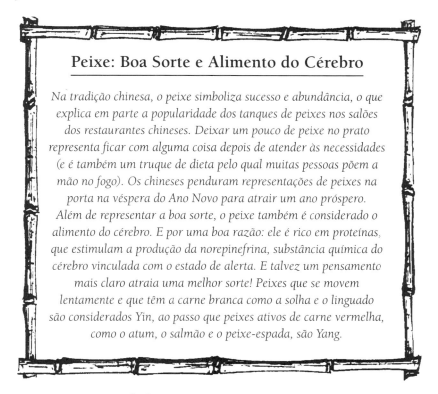

Peixe: Boa Sorte e Alimento do Cérebro

Na tradição chinesa, o peixe simboliza sucesso e abundância, o que explica em parte a popularidade dos tanques de peixes nos salões dos restaurantes chineses. Deixar um pouco de peixe no prato representa ficar com alguma coisa depois de atender às necessidades (e é também um truque de dieta pelo qual muitas pessoas põem a mão no fogo). Os chineses penduram representações de peixes na porta na véspera do Ano Novo para atrair um ano próspero. Além de representar a boa sorte, o peixe também é considerado o alimento do cérebro. E por uma boa razão: ele é rico em proteínas, que estimulam a produção da norepinefrina, substância química do cérebro vinculada com o estado de alerta. E talvez um pensamento mais claro atraia uma melhor sorte! Peixes que se movem lentamente e que têm a carne branca como a solha e o linguado são considerados Yin, ao passo que peixes ativos de carne vermelha, como o atum, o salmão e o peixe-espada, são Yang.

Opções e Oportunidades
Esse prato, além de tudo, é delicioso e ainda mais Yin quando servido frio. Use as sobras para um lanche rápido e desestressante amanhã.

Complementos

Esta salada e *entrée* numa só peça torna-se uma refeição com o acréscimo de um mero prato inicial ou de uma sobremesa. Para uma refeição refrescante e purificadora nos terríveis dias do verão — ou seu equivalente psicológico —, comece com um prato de Gazpacho de Uvas Verdes ou termine com o Parfait Balsâmico.

O Prato Feng Shui

Para ativar os elementos, ponha o agrião na parte esquerda superior do prato, tocando a Madeira e o Fogo, para reforçar sua cor verde e seu gosto amargo. Organize a solha mais ou menos perto do meio e faça-a chegar perto do Metal branco, do lado direito.

SANDUÍCHE DE TOFU GRELHADO
(UM BURGUER MELHOR)   EQUILIBRADA

2 blocos de 400 gramas de tofu comum, bem pressionado, ou de tofu firme, ligeiramente pressionado (veja a página 130)
1 colher de sopa de alho picado
1 colher de sopa de gengibre fresco picado
1 cebola branca picada
1/4 de xícara (60 ml) de molho de soja
2 colheres de sopa de sherry ou de vinho de arroz Shaoxing
1 colher de sopa de vinagre de arroz
2 colheres de sopa de óleo de gergelim torrado
12 fatias de pão ou 6 pães de hambúrguer
  As coisas que você costuma pôr no sanduíche ou no burguer — tomate, cebola, abacate, brotos, mostarda, maionese, etc.

1. Corte cada bloco de tofu em oito fatias de 1,25 cm de espessura. Ponha num prato largo não reativo.
2. Misture o alho, o gengibre, a cebola, o molho de soja, o sherry, o vinagre e o óleo de gergelim e ponha sobre as fatias de tofu. Deixe marinar por pelo menos 30 minutos ou da noite para o dia, cobrindo, no refrigerador.
3. Para grelhar: pré-aqueça a grelha. Retire o tofu da marinada e grelhe deixando-os entre dez e quinze centímetros distantes do fogo, até amarronzar, de três a cinco minutos por lado.
4. Sirva nas fatias de pão ou nos pães com a guarnição que preferir.

   Serve seis porções.

A Essência do Prato
Alguns dos piores inimigos do corpo aparecem entre fatias de pão ou dentro de um pão de hambúrguer. O Sanduíche de Tofu Grelhado dá um gostoso fim a essa sabotagem. Com o superalimento que é o tofu substituindo os pedaços de hambúrguer processados ou cheios de gordura, seu ch'i floresce, enquanto o seu sistema imunológico se rearma. A essência terna e dadivosa do tofu Yin encontra a energia Yang de sabo-

res fortes e o cozimento em altas temperaturas no âmbito do abraço neutro do pão para o perfeito equilíbrio entre o interior e o exterior que conhecemos como sanduíche. Um sanduíche só funciona quando sua parte externa contém mas não domina a parte interna; este é o princípio do equilíbrio a contemplar enquanto você movimenta os lábios.

Opções e Oportunidades

O ato de grelhar dá a este sanduíche o gosto insubstituível da chama. Mas você pode querer experimentar também uma versão assada, que proporciona, além do sabor forte, uma textura deliciosamente aveludada mas firme. Para assar: pré-aqueça o forno a 190 °C. Asse o tofu em sua marinada, virando a cada dez minutos, até que ele fique amarronzado e a marinada tenha sido quase toda absorvida, durante cerca de 40 minutos. Nessa preparação, não é preciso pré-marinar o tofu, visto que ele vai absorver a marinada enquanto é assado.

O tofu firme tem menos probabilidade de se desfazer na grelha, mas você pode se sair bem com o tofu de textura regular bem prensado, o que melhora sua textura e sabor, se você preferir assá-lo. Seja como for, o tofu também é gostoso frio, e você pode fazer um pouco mais dele para servir em sanduíches durante a semana.

Para uma textura mais resistente, tente congelar as fatias pré-cortadas.

Se estiver se sentindo muito preocupado com a gordura, você pode reduzir ou eliminar o óleo na marinada. Para um sanduíche de tofu ainda mais simples, use molho de churrasco em lugar da marinada. Siga as mesmas instruções para assar.

Se preferir um prato mais tradicional, sirva o tofu com arroz e vegetais cozidos no vapor. Ou rompa a tradição usando-o em lugar da carne ou do queijo, do salpicão à massa, passando por sua sopa ou guisado favoritos.

Complementos

Uma das razões para a popularidade permanente do sanduíche é o fato de ele bastar a si mesmo. Se quiser mais, torne a refeição mais Yang terminando-a com os Brownies Escuros, uma sobremesa de piquenique de verão, ou se volte para o Yin comendo o Pudim de Creme de Coco e Banana.

FILÉS DE CORDEIRO COM MOLHO DE AMENDOIM YANG

675 gramas de filés de cordeiro, sem gordura e cortados em cubos de dois centímetros.

Marinada
 1 colher de sopa de gengibre fresco picado
 2 dentes de alho picados
 1 colher de chá de coentro
 2 colheres de sopa de molho de soja
 2 colheres de sopa de suco de lima fresco
 1 colher de sopa de açúcar mascavo leve
 1/2 colher de chá de molho de pimenta asiático
 2 colheres de sopa de óleo de amendoim

Molho de Amendoim
 2 colheres de sopa de óleo de amendoim
 1 colher de sopa de gengibre fresco picado
 3 dentes de alho picados
 2 chalotas picadas
 1/4 de xícara (60 ml) de leite de coco engarrafado
 1/2 xícara (125 ml) de manteiga de amendoim cremosa
 1/4 de xícara (60 ml) de água
 2 colheres de sopa de molho de peixe
 2 colheres de sopa de açúcar mascavo leve
 1 pitada de pimenta caiena ou a gosto
 2 colheres de sopa (30 ml) de suco de lima fresco
    Cilantro ou manjericão cortados como guarnição opcional

1. Misture todos os ingredientes da marinada num prato não reativo ou num saco plástico. Acrescente os pedaços de cordeiro, misture bem, cubra ou feche e refrigere de um dia para o outro.
2. No caso do Molho de Amendoim, aqueça o óleo de amendoim numa panela de tamanho médio em fogo médio. Agregue o gengibre, o alho e as chalotas e refogue até ficarem macios mas não gratinados, cerca de cinco minutos.

3. Ponha e misture o leite de coco, a manteiga de amendoim, a água, o molho de peixe, o açúcar mascavo e a pimenta caiena e cozinhe, mexendo, por mais cinco minutos.
4. Retire do fogo e ponha num processador de alimentos. Acrescente o suco de lima e bata até ficar por igual. Ajuste os temperos a gosto. Reserve à temperatura ambiente ou, se o estiver fazendo muitas horas antes, refrigere e leve à temperatura ambiente antes de servir.
5. Mergulhe em água doze espetos de madeira durante pelo menos uma hora.
6. Acenda a grelha ou ponha uma prateleira cerca de dez centímetros sobre o fogo e pré-aqueça.
7. Enfie os espetos nos pedaços de cordeiro, deixando um pequeno espaço entre um e outro para permitir que assem por igual. Grelhe, regando com a marinada e virando uma vez, até que fique gratinado e cozido, cerca de dois ou três minutos por lado.
8. Sirva com o Molho de Amendoim, no qual se vão mergulhar os pedaços de cordeiro. Se quiser, espalhe as ervas opcionais como guarnição.

Serve quatro porções.

A Essência do Prato
O caractere chinês para beleza é composto dos caracteres de cordeiro e de grande; ao que parece, quanto mais cordeiro come, tanto mais bonito você fica. A cor gratinada e o sabor doce na marinada e no molho investem este prato com a energia da Terra; assim, coma-o quando quiser ficar bonito, animado e expansivo, ou como antídoto para a procrastinação.

Opções e Oportunidades
Você pode substituir o cordeiro por carne de vaca, carne de porco, frango ou camarão. Marine o camarão durante um período de uma a duas horas; a carne de frango pode marinar por algumas horas ou de um dia para o outro. Se não tiver tempo para marinar, não faça a refrigeração e deixe a comida descansar por uma hora à temperatura ambiente enquanto você faz o molho e põe a mesa.

O molho é bastante rico e produz uma quantidade bem grande para se dar uma molhadinha na carne. Sirva as sobras do molho em outro dia da semana com macarrão ou misturadas com vegetais cozidos; você pode torná-lo mais ralo com água quente antes de usar.

Complementos

Você também pode servir este prato como aperitivo (serve cerca de doze porções; dobre o número de espetos), talvez acompanhado de Salada de Repolho Branco-Quente, para produzir uma refeição Yang de elementos complementares (Terra e Metal), ou de Abóbora Recheada para uma experiência Terra Yin-Yang.

O Prato Feng Shui

Faça um triângulo com os espetos no meio do prato e ponha uma gotinha de Molho de Amendoim no centro.

Moussaka Reconstituinte   Yang — Outono

2 berinjelas médias com mais ou menos 900 gramas no total, cortadas em tiras de 1,25 cm

Recheio
- 2 colheres de sopa de azeite de oliva
- 2 cebolas, fatiadas
- 340 gramas de cogumelos, fatiados
- 900 gramas de carne de cordeiro
- 2 dentes de alho, picados
- 1/4 de xícara (60 ml) de massa de tomate
- 1/4 de xícara (60 ml) de vinho tinto seco
- 1 folha de louro
- 2 colheres de chá de canela
- 2 colheres de chá de orégano desidratado
- 1/4 de xícara (60 ml) de salsa italiana picada
- 1/4 de colher de chá de sal
- Pimenta fresca

Massa
- 1/4 de xícara (60 ml) de manteiga sem sal
- 1/4 de xícara (60 ml) de farinha de trigo não peneirada
- 2 $\frac{1}{2}$ xícaras (625 ml) de leite quente
- 2 gemas de ovo
- 1/2 colher de chá de sal
- 1/4 de colher de chá de noz-moscada
- 1 pitada de pimenta branca
- 120 gramas de queijo feta esmigalhados

1. Pré-aqueça o forno a 190 °C. Ponha as tiras de berinjela numa assadeira grande ligeiramente untada, tempere com sal, cubra com papel de alumínio e asse por 45 minutos. Retire e reserve, coberta, para evaporar. Não desligue o forno.

2. Para fazer o recheio, aqueça o azeite de oliva numa frigideira larga em fogo médio alto. Adicione as cebolas e os cogumelos e refogue até que estes últimos estejam tenros, cinco a dez minutos. Agregue o cordeiro e o alho, aumente o fogo e refogue até a carne estar simplesmente cozida. Escorra a gordura, reduza o fogo e adicione a massa de tomate, o vinho, a folha de louro, a canela, o orégano, a salsa, sal e pimenta. Ferva assim até que o líquido seja absorvido, cinco a dez minutos. Retire do fogo, remova a folha de louro e reserve.
3. Para a massa, dissolva a manteiga numa panela em fogo médio. Quando ela começar a borbulhar, ponha a farinha de trigo e cozinhe, mexendo constantemente, por dois minutos. Vá pondo aos poucos o leite quente, incorporando-o por inteiro à mistura antes de acrescentar mais. Cozinhe o molho, mexendo freqüentemente, até ficar espesso, durante cerca de cinco minutos. Remova do fogo e deixe esfriar. Então, ponha as gemas de ovo, o sal, a noz-moscada e a pimenta branca.
4. Para montar, unte uma assadeira de 23 por 33 cm e ponha a metade das tiras de berinjela. Ponha a metade do recheio e repita. Ponha massa em cima de tudo e polvilhe com queijo. Asse, com a forma coberta, durante 45 minutos a 190 °C. Descubra e continue a assar até começar a borbulhar e a se mostrar ligeiramente dourada, cerca de quinze minutos mais. Deixe descansar por dez minutos antes de servir.

Serve oito porções.

A Essência do Prato

Na China, o cordeiro é servido tradicionalmente no primeiro dia do outono, para trazer a boa sorte e iniciar o processo de "reconstituição". Ele é também a carne do Fogo, e sua chama reconstituinte vai preparar você para o próximo inverno. Combinando o cordeiro com os cogumelos e a berinjela, com seu movimento descendente, o prato estabiliza o seu ch'i, tirando-o dos pontos altos a que ele chegou no verão, e encaminha você para a transição sazonal rumo à dormência. Pensa-se também que a berinjela enriquece e movimenta o sangue, além de fortalecer os rins e o fígado; além disso, os temperos, a rica carne de cordeiro e a massa aquecem você de dentro para fora. Essa nutritiva caçarola vai aquecer e perfumar a sua casa e alimentar um grupo cujo apetite é aguçado pelo seco ar do outono.

Opções e Oportunidades

Os cogumelos marrons italianos vão bem neste prato, mas você pode exagerar usando, em parte ou no todo, cogumelos silvestres.

Faça uma versão vegetariana da Moussaka Reconstituinte retirando o cordeiro e aumentando a quantidade de cogumelos para 900 gramas. Você pode dobrar a quantidade de queijo para adicionar proteínas e substância.

Complementos

Uma salada quente de espinafre acrescenta à sua refeição de outono outro alimento de movimento descendente.

O Prato Feng Shui

Deixe que a força do Fogo aumente o movimento descendente do seu ch'i servindo a Moussaka Reconstituinte na parte superior do prato. Organize a salada de espinafre a partir do centro e na direção do guá da Madeira, à esquerda.

BERINJELA MISO   YIN

450 gramas de berinjelas japonesas (cerca de quatro)
2 ½ xícaras (625 ml) de água, em duas porções
1/4 de xícara (60 ml) de massa miso amarela
2 colheres de sopa de açúcar
2 colheres de sopa de molho de soja
3 colheres de sopa de óleo de amendoim
1 colher de chá de gengibre fresco picado
1 pimentão verde e 1 vermelho, grandes, partidos no sentido do comprimento, sem sementes, e cortados em quadrados de 2,5 cm

1. Corte a berinjela no sentido da largura em pedaços de 2,5 cm de comprimento; depois, corte esses pedaços, no sentido do comprimento, em quatro partes. Faça dois cortes no sentido da largura na pele de cada pedaço. Ponha a berinjela numa tigela, cubra com duas xícaras (500 ml) da água e deixe descansar por cinco minutos. Escorra e seque com toalhas de papel.
2. Numa tigela pequena, misture o miso com o açúcar até ficar por igual. Misture o molho de soja e depois a 1/2 xícara (125 ml) restante de água.
3. Aqueça uma wok ou uma frigideira larga em fogo alto e ponha o óleo. Quando o óleo estiver aquecido, acrescente o gengibre e dê uma mexida. Agregue a berinjela e os pimentões e frite, mexendo sempre, durante cinco minutos.
4. Acrescente a mistura de miso, reduza o fogo, cubra e cozinhe em fervura lenta, mexendo de vez em quando, até que os vegetais estejam tenros, dez a quinze minutos. Descubra, aumente o fogo e cozinhe e mexa até que o molho fique espesso e esteja quase absorvido. Sirva imediatamente.

Serve quatro porções como prato de acompanhamento ou duas como entrada com arroz.

A Essência do Prato
Sabe-se que a Berinjela Miso conseguiu fãs mesmo entre quem não gosta dela. O molho caramelizado faz sobressair a textura aveludada da berinjela, uma suave planta fêmea, e a contribuição da espessa massa de miso, com seu cheiro forte, faz deste um prato vegetariano que satisfaz. A pele escura da berinjela e o molho salgado alimentam sua energia da Água a fim de conjurar a hora da meia-noite e a compreensão profunda, inata, que você sente no final do dia. O doce miso, com sua cor amarela, traz a Terra, o pimentão verde, a Madeira e o pimentão vermelho, o Fogo, para uma criativa combinação de elementos.

Opções e Oportunidades
Mergulhar as berinjelas em água ajuda a evitar que elas absorvam líquido demais da sua fritada, o que torna proveitoso esse passo extra.

Complementos
Acrescente algum arroz feito no vapor para dar um toque final à refeição e completar o ciclo da criação com o Metal.

O Prato Feng Shui
Faça um montinho de arroz no guá do Metal, no lado direito de um prato pequeno, e distribua a berinjela nos guás restantes.

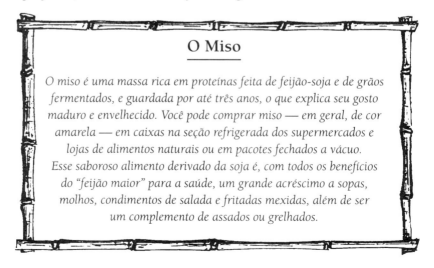

O Miso

O miso é uma massa rica em proteínas feita de feijão-soja e de grãos fermentados, e guardada por até três anos, o que explica seu gosto maduro e envelhecido. Você pode comprar miso — em geral, de cor amarela — em caixas na seção refrigerada dos supermercados e lojas de alimentos naturais ou em pacotes fechados a vácuo.
Esse saboroso alimento derivado da soja é, com todos os benefícios do "feijão maior" para a saúde, um grande acréscimo a sopas, molhos, condimentos de salada e fritadas mexidas, além de ser um complemento de assados ou grelhados.

ENROLADO DE FRANGO MU SHU   EQUILIBRADA

- 2 cogumelos shiitake desidratados
- 1 colher de sopa de molho de soja
- 1 colher de sopa de sherry ou de vinho de arroz Shaoxing
- 1/2 colher de chá de amido de milho
- 85 gramas de peito de frango sem ossos e sem pele, cortado em tiras finas
- 1 dente de alho grande picado
- 1/2 colher de chá de gengibre fresco picado
- 1 colher de chá de água
- 1/2 colher de chá de óleo de gergelim torrado
- 1/4 de cenoura sem pele e cortada
- 1/4 de xícara (60 ml) de brotos de bambu enlatados, lavados, escorridos e cortados em tiras finas
- 1/4 de xícara (60 ml) de caldo de galinha
- 1/4 de xícara (60 ml) de brotos de feijão
- 1 cebola branca cortada em lascas de 3,75 cm
- 2 colheres de chá de óleo de amendoim
- 1 disco de tortilla
- 2 colheres de chá de molho de hoisin

1. Cubra os cogumelos com água quente e deixe de molho por 30 minutos. Escorra, retire os caules e fatie.
2. Misture o molho de soja, o sherry e o amido de milho. Misture uma colher de sopa dessa primeira mistura com o frango, o alho e o gengibre e reserve para marinar enquanto você prepara os vegetais. Adicione a água e o óleo de gergelim à mistura remanescente e reserve.
3. Ponha uma wok ou uma frigideira larga em fogo alto até aquecer. Ponha o óleo de amendoim e espere uns segundos até ficar quente. Coloque a mistura do frango e frite, mexendo sempre, até que a carne perca toda a cor rosada, durante cerca de um minuto. Acrescente os cogumelos, a cenoura, os brotos de bambu e o caldo de galinha e cozinhe por mais dois minutos. Agregue os brotos de feijão e a cebola e cozinhe por um minuto. Acrescente a mistura de amido e cozi-

nhe, mexendo, até que o molho fique espesso, durante mais ou menos um minuto.
4. Espalhe o molho de hoisin sobre a tortilla e distribua nela a mistura de frango de modo que alcance cerca de 1/3 do espaço de cima para baixo. Dobre a parte de baixo sobre a de cima, dobre os lados e enrole.

Serve uma porção.

A Essência do Prato
Esse prato, para um que dispensa acompanhamentos, é o que se deve fazer quando se está germinando uma nova idéia. No interior do invólucro branco neutro encontram-se todos os sabores e cores dos Cinco Elementos, ocultos mas fortes como as raízes de plantas que ainda não surgiram acima do solo. O frango e o milho se combinam para criar a energia primaveril da Madeira, lembrando-lhe que o potencial costuma ser bem maior do que aquilo que se vê num dado momento. Faça um Enrolado de Frango Mu Shu, coma sozinho e deixe o que está dentro de você ficar forte o suficiente para emergir.

Opções e Oportunidades
Para uma variação clássica deste prato, substitua o peito de frango por lombo de porco. Ou prefira a tendência vegetariana, retirando a carne e aumentando a quantidade de vegetais. Misture toda a marinada (tudo o que está no passo 2) e acrescente os brotos de feijão e as cebolas.

Complementos
Para dar um toque final à sua refeição e acentuar a Madeira, sirva uma salada de brócolos cozidos resfriados misturados no óleo de amendoim com um pouquinho de suco de lima fresco.

O Prato Feng Shui
Sirva o Enrolado sozinho no prato para reforçar a visão do solo nu da primavera preparando-se para florescer.

TOFU REFOGADO NA LARANJA   YIN

1/2 xícara (125 ml) de água
1/4 de xícara (60 ml) de molho de soja
3/4 de xícara (180 ml) de suco de laranja fresco
  2 colheres de sopa de casca de laranja ralada
  2 colheres de sopa de vinagre de arroz
  2 colheres de sopa de mel
1/2 colher de chá de pó Cinco Temperos chinês
1/4 de colher de chá de sal
  2 blocos de 400 gramas de tofu firme, partidos horizontalmente pela metade

1. Combine todos os ingredientes, exceto o tofu, numa panela larga o suficiente para caber o tofu numa única camada. Leve a ferver.
2. Adicione o tofu, reduza ao fogo baixo e cozinhe por quinze minutos, virando o tofu quando chegar na metade do tempo. Tire do fogo e esfrie o tofu em seu próprio líquido, virando-o mais algumas vezes. Cubra e refrigere.

   Serve quatro porções.

A Essência do Prato
A suave e doce laranja, que é da Terra, é um alimento frio que, combinado com o "feijão maior", umedece e nutre o seu ser como o faz uma boa chuva a uma planta seca, reduzindo a velocidade do seu ch'i para permitir que ele se expanda no seu corpo e no seu espírito. Sua natureza progressista e econômica ajuda a combater sintomas de deficiência da Terra, como o retardamento e a avareza, enquanto sua alta taxa de proteínas proporciona uma tranqüila força às suas células. A natureza instável da Terra faz deste um bom prato de volta aos trilhos quando a sua dieta fica rica demais, quando a sua agenda é cheia de oscilações ou quando seus pensamentos se concentram em demasia em si mesmo.

Opções e Oportunidades

Use duas espátulas para virar os pedaços de tofu sem quebrá-los, usando a segunda para segurar a extremidade do pedaço enquanto você o levanta a partir de baixo e para pegá-lo quando você o virar. Refogue o tofu quando chegar com ele em casa e deixe-o à mão para refeições rápidas; o prato acabado vai durar mais no refrigerador do que o tofu fresco.

Complementos

Tente servir com alguma mistura de vegetais fritos — ervilhas, cenouras, castanhas, cogumelos, etc. — para um delicioso contraste entre o suave e o crocante, o frio e o quente. Ou tempere uma salada verde com óleo de amendoim e com uma colher cheia de líquido do refogado. Para uma refeição fria, com laranja, que é ligada ao elemento Terra, cheia de nutrientes que prolongam a vida, comece com uma tigela de Sopa de Batata-Doce com Gengibre.

O Prato Feng Shui

Sirva o tofu no centro do prato, no quadrante da Terra, espalhando um pouco do molho do refogado sobre ele. Rodeie-o de legumes ou hortaliças.

Manjar de Ovos e
Ostras Equilibrada — Primavera

225 gramas de ostras frescas sem concha
2 colheres de sopa de manteiga sem sal, em duas porções
1 cebola, finamente picada
1 alho-poró, só a parte branca, finamente picado
1 cenoura, finamente picada
1 aipo, finamente picado
1 dente de alho, picado
3 colheres de sopa de vinho branco seco
8 ovos
2 ½ xícaras (600 ml) de leite
2 colheres de sopa de queijo parmesão
3/4 de colher de chá de sal
1 colher de chá de curry
   Pimenta branca

1. Pré-aqueça o forno a 180 °C.
2. Escorra as ostras, reservando o líquido. Dissolva uma colher de sopa da manteiga numa frigideira em fogo médio alto, agregue as ostras e refogue até que fiquem rechonchudas e firmes, cerca de dois ou três minutos.
3. Tempere as ostras com sal e pimenta branca a gosto e retire da frigideira, deixando o líquido. Reserve as ostras.
4. Reduza o fogo para médio e acrescente a colher de sopa de manteiga restante. Adicione a cebola, o alho-poró, a cenoura, o aipo e o alho e refogue até as cebolas ficarem translúcidas, cerca de dez minutos. Ponha o vinho branco e mexa para soltar os restos do fundo e fazer o líquido evaporar. Retire do fogo e tempere com sal e pimenta branca a gosto.
5. Corte as ostras em pedaços.
6. Numa tigela média, bata os ovos com um garfo até ficarem no ponto. Ponha o caldo de ostras reservado, quaisquer sucos que as ostras

cozidas tenham soltado, o leite, o queijo parmesão, o sal, o curry e pimenta branca a gosto.
7. Distribua os vegetais igualmente entre quatro (capacidade de duas xícaras ou 500 gramas) tigelas que vão ao forno e ponha em cima as ostras. Derrame a mistura de ovos por cima de tudo.
8. Ponha as tigelas numa assadeira, coloque no forno e ponha água fervente no prato até uma altura de 2,5 cm. Asse até as tortas ficarem de um marrom dourado e consistentes, entre 35 e 40 minutos. Remova cuidadosamente as tigelas da assadeira e deixe-as descansar por cinco minutos. Sirva as tortas nas tigelas sobre pratos.

Serve quatro porções.

A Essência do Prato
O ovo é o símbolo supremo do renascimento e da fertilidade da primavera, e aqui você aproveita sua nuança numa delicada torta que prepara o seu ch'i para a estação da renovação. As ostras, as cenouras e o aipo caminham, todos eles, para cima, como o crescimento da primavera, elevando o seu ch'i das profundezas subterrâneas do inverno na direção do sol.

O Manjar de Ovos e Ostras também pode ajudar você a pegar um outro tipo de febre da primavera. É provável que você já tenha ouvido falar das qualidades afrodisíacas das ostras. O zinco que elas contêm de fato aumenta o volume do sêmen e os níveis de testosterona no sangue, no caso dos homens, e é essencial à ovulação nas mulheres. Por isso, experimente essa mistura sensual e eficaz para um regenerador jantar *à deux*.

Opções e Oportunidades
Se os vegetais começarem a pegar na panela, adicione um pouquinho de água, lembrando-se de que vai retirar os restos da frigideira com vinho no final.

Esta receita pede tigelas em vez de formas de torta. Assegure-se de que pode levá-las ao forno! E, se forem muito grandes, é provável que você precise de duas assadeiras para contê-las. É melhor avisar todas as pessoas à mesa que as tigelas estão quentes. Você também pode servir este Manjar frio, o que é uma opção refrescante num dia quente de primavera.

Não retarde a sua celebração da primavera; abril é o final da estação de destaque das ostras (meses que contêm a letra r). Você pode usar ostras defumadas enlatadas se quiser um sabor e uma textura bem diferentes.

Complementos
A natureza camaleônica deste prato faz que ele sirva para o café da manhã, para um *brunch*, para o almoço ou para o jantar. Para uma refeição matinal, adicione pedaços de torradas, suco de laranja e chá. Para o almoço ou o jantar, tente acompanhar o prato de aspargos feitos no vapor e resfriados regados com óleo de gergelim torrado, uma salada verde de hortaliças do primeiro corte ou qualquer outra opção tenra e um pedaço de um bom pão. Você também pode fazer meias porções em formas de torta e servi-las como um primeiro prato, talvez com a Fritada Mexida Flexível, que traz os mais frescos vegetais da primavera, ou uma massa leve como as Gravatinhas com Brócolos.

Atum Apimentado com Molho de Wasabi   Yang

4 filés de atum de 170 gramas cada
Sal
4 colheres de chá de pimenta preta amassada
Óleo para fritura

Molho de Wasabi
1/2 xícara (125 ml) de vinagre de vinho de arroz
  1 cebola branca, picada
  1 colher de chá de gengibre fresco picado
  4 colheres de chá de wasabi
  2 colheres de sopa de creme grosso
  2 colheres de sopa de molho de soja
  6 colheres de sopa de manteiga sem sal, cortada em pedaços

1. Tempere os filés de atum de ambos os lados com sal e espalhe a pimenta, pressionando-a para dentro deles. Deixe no refrigerador enquanto você prepara o molho.
2. Para fazer o Molho de Wasabi, misture o vinagre, a cebola, o gengibre e o wasabi numa panela pequena. Leve a ferver, reduza a fervura e cozinhe até que o líquido fique reduzido à metade. Acrescente o creme grosso e reduza outra vez à metade (o resultado será uma substância espessa e verde). Misture o molho de soja e mantenha quente num fogo bem baixo.
3. Ponha uma panela de ferro fundido em fogo alto e cubra a superfície dela com óleo. Quando o óleo estiver quente, frite rapidamente o atum, um minuto de cada lado, se preferir mal passado. Remova para um prato e mantenha quente no forno na menor temperatura.
4. Para terminar o molho, misture os pedaços de manteiga um de cada vez. Sirva o atum com o molho.

   Serve quatro porções.

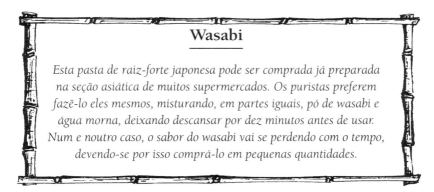

Wasabi

Esta pasta de raiz-forte japonesa pode ser comprada já preparada na seção asiática de muitos supermercados. Os puristas preferem fazê-lo eles mesmos, misturando, em partes iguais, pó de wasabi e água morna, deixando descansar por dez minutos antes de usar. Num e noutro caso, o sabor do wasabi vai se perdendo com o tempo, devendo-se por isso comprá-lo em pequenas quantidades.

A Essência do Prato

Este prato arde com o elemento Fogo, tanto no peixe vermelho como no wasabi e na pimenta, amargos. Acompanhado de um rico molho que provavelmente vai deixá-lo de água na boca, ele vai estimular o seu sistema circulatório, expulsar a umidade entorpecedora e fortalecer o seu ch'i. O Fogo é o elemento da fama e da sabedoria, e este é um prato voluptuoso destinado a trazer um momento muito auspicioso ou celebrá-lo.

Opções e Oportunidades

Este prato fica melhor quando se deixa o atum mal passado. A crosta negra esfumaçada cobre um interior tenro como um bife de carne que se embebe de molho muito facilmente. Se puder encontrar lombo de atum (longo e fino como o lombo tenro do porco), o procedimento será ainda melhor. Trabalhe rapidamente e tenha cuidado para não cozinhar demais.

Complementos

Tente algum arroz polvilhado com sementes de gergelim e uma salada de ervilhas crocantes cozidas no vapor e beterrabas pequenas.

O Prato Feng Shui

Revele o centro vermelho mal passado do atum cortando-o em tiras, fazendo um concentrado de molho que vai do centro do prato até o elemento Fogo, no topo, e distribua as tiras de atum sobre o molho. Se estiver servindo arroz, ponha-o à direita; a salada vai à esquerda, para ativar o verde da Madeira.

INHAME COM RECHEIO DE ABACAXI
E PRESUNTO
EQUILIBRADA

- 1 inhame
- 2 colheres de chá de manteiga sem sal
- 1 colher de chá de óleo de gergelim torrado
- 1 colher de chá de açúcar mascavo leve
- 1/2 xícara (125 ml) de suco de abacaxi em conserva
- 65 gramas de presunto cozido, cortado em tiras finas
- 1 pitada de noz-moscada
- 1/4 de colher de chá de sal ou a gosto
- Pimenta fresca

1. Pré-aqueça o forno a 232 °C. Faça com o garfo alguns furos no inhame e asse até ficar macio, de 45 a 50 minutos.
2. Retire o inhame do forno e deixe-o descansar até que esteja frio o suficiente para você poder pegar nele. Corte pela metade e retire cuidadosamente a parte interior, deixando a casca intacta.
3. Ponha a parte interior do inhame numa tigelinha e amasse-a com um garfo até ficar bem regular. Amasse juntos a manteiga, o óleo de gergelim e o açúcar mascavo; em seguida, misture o abacaxi, o presunto, a noz-moscada, o sal e a pimenta.
4. Ponha o recheio dentro da casca do inhame e recoloque no forno. Cozinhe até que a casca fique crocante, o inhame aquecido por inteiro e até que você veja manchas marrons douradas na parte superior, durante quinze a vinte minutos.

Serve uma porção.

A Essência do Prato

Este prato fácil em que se coze duas vezes um tubérculo produz uma refeição saudável e satisfatória em troca de muito pouco esforço. E uma batata-doce (que, nos Estados Unidos, é o mesmo que inhame) tem a metade da sua dose diária de vitamina E, um antioxidante que pode ajudar a prevenir doenças cardíacas. Isso equivale a 76 vezes a quantidade que há numa batata comum! A medicina chinesa sustenta que os inhames suplementam o ch'i, fortalecem o baço e o estômago, constrói tecidos e alivia a fraqueza e a fadiga.

Esta receita ressoa com a doce energia amarela da Terra. Experimente-a quando estiver preso à procrastinação ou ao egoísmo.

Opções e Oportunidades
Embora um único inhame faça um prato conveniente, sem restos, para você jantar sozinho, é fácil multiplicar esta receita a fim de alimentar um batalhão. Experimente uma versão vegetariana que põe no lugar do presunto algumas castanhas assadas cortadas.

Complementos
A beleza do Inhame com Recheio de Abacaxi e Presunto está no fato de ele ser um perfeito equilíbrio de carboidratos, proteínas, vitaminas e fibras. Não há necessidade de acrescentar coisa alguma!

O Prato Feng Shui
Ponha a batata-doce no centro do prato e pense no que você pode fazer em favor da Terra enquanto se refestela com a sua essência.

WONTONS DE CARNE DE PORCO E CAMARÃO COM PESTO CILANTRO

EQUILIBRADA

Pesto
- 1/4 de xícara (60 ml) de amendoins torrados
- 1 colher de chá de gengibre fresco picado
- 2 dentes de alho grosseiramente cortados
- 1 xícara (250 ml) de folhas de cilantro frescas empacotadas (cerca de 3/4 de maço)
- 2 colheres de sopa de suco de limão fresco
- 1/2 colher de chá de açúcar
- 1/2 colher de chá de sal
- 6 colheres de sopa de óleo de amendoim

Os Wontons
- 225 gramas de carne de porco
- 120 gramas de camarão cru, sem casca e cortados
- 2 cebolas brancas, picadas
- 1 clara de ovo
- 1 colher de sopa de molho de soja
- 1 $1/2$ colher de chá de sherry ou de vinho de arroz Shaoxing
- 1 $1/2$ colher de chá de amido de milho
- 1/4 de colher de chá de sal
- 1 colher de sopa de água
- 225 gramas de invólucros wonton (cerca de 36)

1. Para o pesto: ponha os amendoins, o gengibre e o alho num processador de alimentos e bata até que virem uma pasta. Acrescente as folhas de cilantro e misture bem. Agregue o suco de limão, o açúcar e o sal e misture. Com a máquina girando, vá derramando aos poucos o óleo de amendoim. Reserve à temperatura ambiente para permitir que os gostos se combinem.
2. Para o recheio: misture a carne de porco crua, os camarões, as cebolas, a clara de ovo, o molho de soja, o sherry, o amido de milho, o sal e a água. Refrigere até a hora de usar.

3. Para montar os wontons: tenha uma tigelinha com água à mão. Cubra os invólucros não usados com uma toalha enquanto você trabalha para evitar que ressequem. Ponha um invólucro na superfície em que trabalha com um canto virado para você, como um diamante, e ponha uma colher de chá de recheio no centro. Mergulhe o dedo na água e umedeça as extremidades superiores do invólucro; depois, dobre a parte inferior sobre a superior de maneira a formar um triângulo. Pressione bem as extremidades para fechar. Dobre as pontas inferiores do triângulo para baixo formando um V na parte inferior do wonton e junte-as. Repita o procedimento com os outros wontons e com o recheio.
4. Leve uma panela grande com água a ferver e adicione os wontons. Cozinhe até que eles flutuem para a superfície e o recheio esteja totalmente cozido, de três a cinco minutos. Escorra-os cuidadosamente e sirva-os com o pesto cilantro espalhado sobre eles.

Serve quatro porções (cerca de 36 wontons).

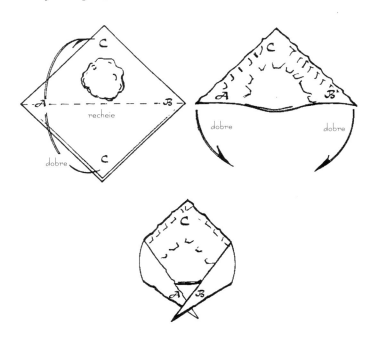

A Essência do Prato

Produzir e comer este prato é um exercício de meditação. Várias tarefas repetitivas — separar as folhas de cilantro dos caules, tirar a casca dos camarões, rechear os wontons — são bem apropriadas ao princípio zen de praticar meditação durante as tarefas cotidianas. Então, com o prato acabado transmitindo energia da Madeira através do pesto verde-claro e com gosto de limão, você está perfeitamente posicionado para ponderar sobre questões, pesar elementos e chegar a boas decisões. Coma Wontons de Carne de Porco e Camarão quando tiver alguma coisa sobre a qual deva pensar, ou então busque simplesmente uma sensação de equilíbrio meditativo.

Opções e Oportunidades

O truque do prato é aprender a manejar os invólucros dos wontons — mas uma vez que se consiga, fica-se apaixonado por essa versátil versão mais rápida do ravióli! Procure os invólucros dos wontons na seção refrigerada do seu supermercado (Dynasty é uma marca comum) ou compre-os num mercado asiático. Resista ao impulso de super-recheá-los; isso só vai dificultar o fechamento das extremidades. Os wontons recheados podem ser congelados e cozidos diretamente do freezer; dê um pouco mais de tempo de cozimento. Você também pode desistir do pesto e servir os wontons em caldo de galinha com cebolas fatiadas, numa sopa clássica e equilibrada.

Para obter o melhor sabor no pesto, use um óleo de amendoim torrado de alta qualidade. Você também pode servir o pesto com talharim cozido para um prato balanceado mais simples (experimente-o com Travessa de Talharim com Soba, na página 193), com carne ou frutos do mar grelhados, o que torna a refeição Yang, ou misturado com vegetais feitos no vapor ou grelhados, o que torna a refeição Yin. Faça uma quantidade dupla de pesto para aproveitar essas variações ao longo da semana.

O Prato Feng Shui

Com os invólucros de wontons brancos, um toque de rosado espreitando-os a partir do recheio e com o molho de pesto verde, este prato forma um míni-Ciclo da Criação composto pelos elementos Madeira, Fogo e Metal. Arrume os wontons no semicírculo superior do prato para ativar esses guás.

Grão-de-Bico Rápido ao Curry Yang

- 1 colher de sopa de óleo de amendoim
- 1 cebola cortada
- 1 ½ colher de sopa de curry ou mais, a gosto
- 1 colher de chá de cominho
- 340 gramas de carne de peru
- 3 dentes de alho, picados
- 1 lata de 425 gramas de grãos-de-bico, escorridos e lavados
- 1 lata de 412 gramas de tomates cortados, sem escorrer
- 1 pacote de 280 gramas de espinafre congelado
- 1/2 xícara (125 ml) de caldo de galinha
- 1/2 colher de chá de sal

Guarnição opcional: coco ralado, amendoins quebrados, iogurte natural, cilantro picado.

1. Ponha o óleo de amendoim numa panela em fogo médio e refogue a cebola, o curry e o cominho até que a cebola fique macia, durante cerca de cinco minutos. Adicione o peru e o alho, aumente o fogo para médio alto e refogue até que o peru esteja apenas cozido, durante mais ou menos cinco minutos.
2. Agregue os ingredientes restantes (exceto as guarnições opcionais), cubra, ponha em fogo alto e deixe ferver. Reduza o fogo para médio e deixe ficar em baixa fervura, com a panela coberta, mexendo freqüentemente para desmanchar o espinafre, por mais quinze minutos.
3. Sirva em tigelas com acompanhamentos à sua escolha.

Serve quatro porções.

A Essência do Prato

Às vezes você precisa de uma boa refeição Yang quente com um mínimo de compras ou trabalho de preparação, e o Grão-de-Bico Rápido com Curry lhe proporciona essa veloz dose de calor. Enquanto os temperos e o peru aquecem o seu ch'i, um ciclo elemental da criação completo, formado pela Madeira (o peru, o espinafre), o Fogo (tomates), a Terra (o curry), o Metal (a cebola, o alho) e a Água (o grão-de-bico), alimenta a sua energia criadora. Enquanto isso, você obtém uma boa dose de vitaminas, de minerais e de fibras num prato com baixo nível de gordura. É um prato impressionantemente saboroso e saudável — embora use enlatados, o freezer e temperos já prontos!

Opções e Oportunidades
Procure curry indiano ou "oriental" importado; essas marcas oferecem uma mistura muito mais interessante (e mais quente) do que as americanas. Faça experiências com a quantidade a usar, caso goste de coisas extrapicantes.

Para uma versão vegetariana, substitua o peru por um punhado de cajus, que oferecem uma dose de proteínas que complementa as do grão-de-bico.

Complementos
Adicione salada feita com seletas de vegetais enlatadas, talvez algum iogurte congelado para esfriar depois, e você terá, sem problemas, uma refeição completa.

O Prato Feng Shui
Os Cinco Elementos se combinam naturalmente na tigela. Mas se você preferir usar uma guarnição, experimente iogurte ou coco no guá do Metal, à direita, os amendoins no centro, da Terra, e uma pitada de cilantro à esquerda, da Madeira.

BACALHAU COM PELE AO SAQUÊ COM MOLHO DE PONZU

YANG

- 1/2 xícara (125 ml) de saquê
- 1/2 xícara (125 ml) de mirin (vinho japonês de cozimento doce)
- 1/2 xícara (125 ml) de suco de laranja fresco
- 1/2 xícara (125 ml) de molho de soja
- 2 colheres de sopa de açúcar
- 675 gramas de filés de bacalhau (se possível, com a pele)
- 1 espiga de milho, debulhada
- 4 tomates grandes, cortados
- 4 cebolas brancas, picadas
- 1 pimentão vermelho ou amarelo, cortado
- 1/2 colher de chá de gengibre fresco picado
- 1 dente de alho picado
- 1/2 xícara (125 ml) de caldo de galinha
- Sal e pimenta a gosto

1. Misture o saquê, o mirin, o suco de laranja, o molho de soja e o açúcar numa panela. Leve a ferver, reduza o fogo para médio alto e combine até reduzir pela metade, durante cerca de quinze minutos. Retire do fogo e deixe esfriar.
2. Ponha o bacalhau num prato não reativo. Reserve 1/4 de xícara (60ml) da marinada e ponha o resto sobre o peixe. Cubra e refrigere de um dia para o outro.
3. Perto da hora de servir, misture todos os vegetais com a marinada reservada e com o caldo de galinha. Leve a ferver, reduza o fogo para médio alto e ferva delicadamente até que o líquido esteja quase todo absorvido, de dez a quinze minutos. Tempere a gosto com sal e pimenta e mantenha quente.
4. Prepare a grelha ou ponha a prateleira do forno entre dez e quinze centímetros longe do fogo. Grelhe o bacalhau, primeiro o lado que traz a pele, até ficar amarronzado, durante cerca de quatro a cinco minutos. Vire, regue e cozinhe até ficar amarronzado e solto, durante cerca de dois a três minutos. Sirva com os vegetais.

Serve quatro porções.

A Essência do Prato

Ligeiramente grelhado, crocante e caramelizado, este prato tem a energia do Yang sem a gordura. Na verdade, contendo 2,4 gramas de gordura por porção, não existe um prato com menos gordura do que este. Mas o bacalhau, um dos componentes favoritos da cozinha japonesa, é enganosamente rico; seu nome alternativo é peixe-manteiga, e ele, cozido, forma flocos amanteigados e espessos. A combinação da marinada doce com o aroma da fumaça faz deste prato uma excelente opção para o churrasco de verão, bem como uma excelente maneira de alimentar o seu Yang no tempo quente sem submeter você a uma dose muito grande de trabalho.

Opções e Oportunidades

A pele crocante é um dos prazeres deste prato, mas alguns mercados retiram rotineiramente a pele dos filés de bacalhau. Se você não puder encontrar outra coisa, o bacalhau sem pele vai servir.

Complementos

Enquanto prepara o tempero, faça arroz no vapor. Dê continuidade ao tema do Yang com baixa taxa de gordura assando alguma fruta na criação de uma interessante sobremesa; ponha um pouco de mel misturado com uma pitada de alecrim fresco cortado.

O Prato Feng Shui

Ponha o bacalhau no centro, para favorecer a energia da Terra, que trazem a marinada doce e a carne amarronzada. Ponha com a colher o tempero ao longo dos pedaços de bacalhau, inclinando para a esquerda, se quiser a energia Madeira da lealdade, da família e da saúde, ou no topo, para uma dose da sabedoria e da fama do Fogo.

PATO ASSADO AO SAL GROSSO COM REPOLHO
REFOGADO NA CERVEJA   YANG — INVERNO

 4   xícaras (1 litro) de sal grosso
 1   pato cru de 1,8 a 2,30 quilos com o excesso de gordura removido
 3   dentes de alho, picados
 1   colher de chá de gengibre fresco, picado
 1   colher de sopa de pó Cinco Temperos chinês
1/2 colher de chá de sal
     Pimenta fresca

Repolho Refogado na Cerveja
 2   colheres de sopa de manteiga sem sal
 1   cebola roxa grande, dividida verticalmente ao meio e cortada em fatias finas no sentido do comprimento
225 gramas de repolho roxo (cerca de cinco xícaras ou 1,2 litro), cortado em pedaços
 1   folha de louro
½-1 colher de chá de sal
     Pimenta fresca
 1   maçã sem casca, cortada em quatro, sem sementes e fatiada transversalmente
3/4 de xícara (180 ml) de cerveja
3/4 de xícara (180 ml) de caldo de galinha
 2   colheres de sopa de vinagre de cidra
 2   colheres de sopa de açúcar mascavo leve

1. Pré-aqueça o forno a 232 °C e espalhe o sal grosso numa assadeira. Retire os miúdos e o pescoço do pato e lave por dentro e por fora. Seque com toalhas de papel e, começando da extremidade da perna, use as mãos para afastar cuidadosamente a pele do peito e das extremidades. Use os dedos para cortar o tecido de conexão.
2. Misture o alho, o gengibre, o pó Cinco Temperos, a meia colher de chá de sal e a pimenta e esfregue na pele solta e no interior da cavidade do corpo. Amarre as pernas do pato uma na outra com barbante e ponha o pato, com o lado do peito para cima, na assadeira pre-

parada. Faça vários furos no peito com um garfo e asse até que o pato esteja rechonchudo, de um amarronzado dourado e crocante, e até que um termômetro inserido na parte mais carnuda da coxa registre 82 °C, durante cerca de 50 minutos. Retire do forno e deixe descansar por dez minutos antes de servir, coberto ligeiramente com papel de alumínio. Ponha numa tábua e trinche.
3. Enquanto o pato assa, faça o Repolho Refogado na Cerveja: dissolva a manteiga numa panela grande em fogo médio. Adicione a cebola e refogue até amaciar, por vários minutos. Acrescente o repolho e mexa, pondo então a folha de louro, o sal, a pimenta, a maçã, a cerveja, o caldo, o vinagre e o açúcar mascavo. Cubra, ponha o fogo em alto e deixe ferver. Baixe o fogo e cozinhe, mexendo de vez em quando, até que tudo esteja tenro, durante cerca de sete a doze minutos. Descubra e continue a cozinhar até que o líquido tenha sido quase todo absorvido, por mais cinco a dez minutos. Remova a folha de louro e ajuste o sal e a pimenta a gosto.
4. Sirva o repolho em pratos, pondo em cima o pato, e despeje em cima de tudo um pouco dos sucos acumulados quando você trinchou.

Serve quatro porções.

A Essência do Prato
Este substancioso prato para o inverno vai aquecer a sua cozinha e os ossos mais frios. O sal grosso que forma o leito onde o pato é assado cumpre uma dupla função: afasta o pato da gordura enquanto este é cozido e se junta ao lúpulo da cerveja para exercer sobre o seu ch'i uma força voltada para dentro, movendo-o para o núcleo do seu corpo a fim de esperar a longa estação invernal. O alho e o gengibre fresco combatem literalmente resfriados e gripes, enquanto o membro número cinco do pó Cinco Temperos promove a saúde por meios mais sutis. Este prato rico e condimentado exsuda calor Yang para alimentar a sua fornalha interior, representando os Cinco Sabores com vistas a um bom equilíbrio elemental.

Opções e Oportunidades
Se comprar um pato congelado, assegure-se de descongelá-lo por completo no refrigerador antes de prosseguir. Um pilãozinho completo vai

lhe permitir transformar a mistura entre os temperos e o alho numa pasta para uma distribuição mais fácil sob a pele. Tenha fé e dedos destemidos enquanto solta a pele! Umas poucas lágrimas não matam ninguém.

Pegue um pacote de repolho pré-cortado para economizar um passo. Para enriquecer o sabor do prato, ferva em fogo baixo o caldo de carne acrescido de 1/4 de xícara (60 ml) de água (para compensar a evaporação) junto com os miúdos e o pescoço do pato durante quinze minutos; retire a espuma e peneire antes de usar. Ao fatiar a maçã, jogue-a na cerveja para evitar que ela escureça.

Para trinchar o pato, trabalhe a partir do lado que estiver mais perto de você. Remova a perna desse lado e ambas as asas e coloque à parte. Agora, corte até o fim o centro do osso do peito e, começando no final da perna e trabalhando na direção de você mesmo e do pescoço, remova a metade do peito. Vire o pato e repita a operação. Fatie a carne do peito transversalmente e a parte inferior dos membros verticalmente. Use as asas como guarnição ou reserve para outro uso. Você deve ou não comer essa deliciosa pele? Crocante e temperada, esfregada com o tempero, trata-se de um prodigioso acréscimo a este prato Yang. Trata-se também de um alimento rico em gordura. Você decide, com base em suas próprias necessidades de energia no momento. Não se esqueça de jogar fora todo aquele sal grosso empapado de gordura que você usou para assar!

Complementos

Este prato requer pouco acompanhamento além de, talvez, algum pão preto e bom de mastigar. Para uma refeição bastante Yang seguindo o mesmo universo de sabor, termine a refeição com o Bolo de Amêndoas Temperado ou relaxe com uma sobremesa composta de laranjas ou tangerinas frescas, que adicionam vitamina C ao seu conjunto de defesas do inverno.

O Prato Feng Shui

Organize o repolho no topo do prato para favorecer o elemento Fogo, vermelho, e então espalhe fatias do pato ao longo do eixo central do prato no guá da Terra.

Salmão ao Ponto com Manteiga de Raiz-Forte

YANG

Manteiga de Raiz-Forte
- 3 colheres de sopa de manteiga sem sal, ligeiramente amaciada
- 1 colher de sopa de mostarda de Dijon
- 2 colheres de chá de raiz-forte preparada
- 1/4 de colher de chá de pimenta preta
- 1 pitada de pimenta caiena
- 1 pitada de sal

- 4 filés de salmão de 170 gramas cada
- Óleo

1. Para fazer a Manteiga de Raiz-Forte, misture a manteiga, a mostarda, a raiz-forte, a pimenta preta, a pimenta caiena e o sal. Se quiser, pode colocar a mistura num pequeno saco plástico. Refrigere até que a mistura fique firme.
2. Tempere o salmão com sal e pimenta. Ponha uma panela grande de ferro fundido em fogo alto. Quando ela estiver quente, adicione óleo para cobrir o fundo e aqueça por mais alguns segundos. Agregue o salmão, primeiro o lado da pele, e reduza o fogo para médio alto. Cozinhe por um período de meio minuto a dois minutos por lado para ficar ao ponto.
3. Sirva o salmão com uma quantidade da Manteiga de Raiz-Forte.

   Serve quatro porções.

A Essência do Prato
Rápido e sem rodeios, o Salmão ao Ponto combina alta temperatura com sabores ricos e picantes a fim de servir Yang às carreiras. O Fogo e o Metal prevalecem no esquema cromático rosa e branco e nos sabores amargos e ácidos da Manteiga de Raiz-Forte. Isso cria um bom prato para reunir as forças num dia em que as coisas tenham dado errado. Deixe que

a energia do Fogo e os óleos ômega 3 do salmão alimentem o seu coração e ativem a sua circulação, enquanto o Metal proporciona o tipo de energia vital produtiva capaz de atrair a boa sorte e, assim, acabar com o azar.

Opções e Oportunidades
O cozimento do salmão até ele ficar com os lados escuros vai produzir um exterior delicadamente amarronzado com um interior suculento e ao ponto; ajuste o tempo de cozimento de acordo com a espessura dos filés. Se preferir, você pode tirar a pele dos filés depois de cozê-los. Mas a textura crocante decorrente da técnica de cozimento e a concentração de óleos ômega 3 que existe na pele fazem dela um valioso e apetitoso acréscimo!

Complementos
Acompanhe o salmão com Bok Choy de legumes frescos; corte-os pela metade e refogue-os em fogo médio alto, com o lado do corte para baixo, numa mistura de manteiga e óleo de amendoim. Cozinhe até amarronzar, vire, reduza o fogo para médio, cubra e cozinhe até ficar tenro. Você pode promover a força do Fogo e completar uma refeição de superalimentos começando com a Salada de Lentilha Apimentada.

O Prato Feng Shui
Sirva o salmão numa diagonal no lado direito superior do prato, abrangendo os guás do Fogo e do Metal. Organize o verde Bok Choy à esquerda para ativar a Madeira.

Pombinhos Sensuais

Yang

- 2 pombos de 450 gramas cada
- Sal e pimenta
- 3 colheres de sopa de manteiga sem sal, dividida em duas porções
- 2 colheres de sopa de brandy
- 1/4 de xícara (60 ml) de vinho tinto seco
- 1/2 xícara (125 ml) de caldo de carne
- 10 azeitonas pretas curadas (Niçoise, Kalamata, etc.), sem caroço e partidas pela metade

1. Pré-aqueça o forno a 204 °C. Remova os miúdos dos pombinhos e tempere toda a carne com sal e pimenta.
2. Dissolva uma colher de sopa da manteiga numa frigideira que vá ao forno em fogo médio alto. Agregue os pombos e doure bem de ambos os lados, cerca de três a cinco minutos por lado. Transfira a frigideira para o forno e asse, durante doze a dezesseis minutos, com a parte do peito para cima, até que os pombinhos fiquem ao ponto. Transfira para uma bandeja e cubra com papel vegetal.
3. Tire a espuma do líquido que se acumulou na frigideira. Ponha-a no fogo médio alto até começar a borbulhar; acrescente o brandy e mexa para tirar os resíduos do fundo. Cozinhe, por mais um minuto ou dois, até formar um xarope. Agregue o vinho tinto, mexa e reduza pela metade, por mais um minuto ou dois. Ponha o caldo e as azeitonas e reduza até ficar com uma ligeira consistência de xarope, durante cinco a seis minutos. Retire do fogo e jogue, um pouco de cada vez, as duas colheres de sopa de manteiga restantes.
4. Ponha o molho em pratos e coloque o pombo em cima.

Serve duas porções.

A Essência do Prato
Na China, a ingestão de pombinhos, isto é, pombos antes de aprenderem a voar, se associa à sexualidade por causa dos hábitos eróticos muito ativos desses pássaros e devido ao fato de a pomba procurar o pombo.

Considerados na China capazes de aumentar a potência masculina, os pombinhos são ingeridos com freqüência por adolescentes pubescentes e por homens que começam a envelhecer. Essa preparação adiciona um molho escuro e suaves e sugestivas azeitonas. Como o molho desencadeia a energia da Água para tornar você mais sociável e atraente, deixe que os Pombinhos Sensuais alimentem seu próximo jantar romântico.

Opções e Oportunidades
Os pombinhos são vendidos em avícolas ou fornecidos, a pedido, por muitos açougueiros. Você pode substituí-los por raças de galinha de menor porte, mas estas não produzem os mesmos benefícios libidinais. Regue uma ou duas vezes as aves, enquanto assam com os líquidos da frigideira, a fim de deixá-las mais umedecidas. Para trinchar os pombinhos, corte o meio do osso do peito e depois fatie cada metade deste. Se preferir, remova as pernas e asas para servir junto.

Complementos
Um purê de espaguete cozido, colocado como se fossem fios em um pouco de manteiga e azeite de oliva, acrescenta cor ao prato e ajuda a encorpar este delicioso molho. Coroe este prato erótico com a Borboleta Yin-Yang.

O Prato Feng Shui
Ponha o molho perto da parte inferior do prato a fim de ativar o guá da Água, e coloque o pombo sobre ele. Se você se sente à vontade com o seu companheiro de jantar e não se incomodar, é possível servir os pombos inteiros e trinchá-los na mesa (use facas de churrasco); atreva-se a chupar os ossos. Se preferir manter os modos adequados à mesa, trinche os pombinhos antes de servir, fatiando o peito e organizando-os em fatias alternadas sobre o molho, com as pernas dispostas no sentido do comprimento como guarnição.

Talharim com Carne de Porco ao Gergelim — Equilibrada

- 2-3 pedaços de lombo de porco sem osso (cerca de 340 gramas no total)
- 4 colheres de chá de sementes de gergelim torrado, divididas em duas porções
- 4 colheres de sopa de molho de soja, divididas em duas porções
- 4 colheres de chá de açúcar, divididas em duas porções
- 1 colher de sopa de óleo de gergelim torrado, dividida em duas porções
- 4 dentes de alho esmagados
- 1/4 de colher de chá de pimenta preta
- 1/4 de colher de chá de óleo de pimenta dedo-de-moça (veja a receita na página 87 ou compre na seção asiática do supermercado)
- 120 gramas de talharim *vermicelli*
- 1 ovo, com a gema e a clara separadas
- 4 colheres de sopa de óleo de amendoim
- 1 cebola, partida pela metade no sentido do comprimento e cortada transversalmente
- Sal
- 1 pimentão vermelho grande, sem sementes e cortado em fatias finas
- 1 cenoura, cortada em fatias finas
- 85 gramas de cogumelos shiitake frescos, sem os caules e fatiados
- 170 gramas de espinafre fresco grosseiramente cortado

1. Gele a carne de porco, para fatiar com mais facilidade; deixe-a no freezer por entre 30 e 40 minutos, até ficar firme mas não congelada.
2. Esmague as sementes de gergelim num pilãozinho ou moedor de tempero até ficarem parcialmente moídas.
3. Fatie o porco transversalmente em pedaços de 0,25 a 0,5 cm de espessura, e depois corte em fatias com essa mesma largura. Num prato não reativo, misture uma colher de sopa das sementes de gergelim, duas colheres de sopa do molho de soja, uma colher de chá do açúcar, meia colher de sopa do óleo de gergelim, o alho e o pimentão. Mexa e depois acrescente a carne de porco e misture bem. Reserve

para marinar à temperatura ambiente por pelo menos quinze minutos. Misture as sementes de gergelim restantes, duas colheres de sopa do molho de soja, uma colher de chá de açúcar, meia colher de sopa de óleo de gergelim e o óleo de pimenta dedo-de-moça numa pequena tigela e reserve.
4. Ponha uma grande panela com água salgada para ferver. Remova do fogo e acrescente o talharim. Deixe-os de molho por quinze minutos. Escorra.
5. Bata ligeiramente a clara e a gema do ovo em tigelas separadas. Ponha óleo numa frigideira pequena não aderente e ponha no fogo médio por um minuto. Adicione a clara do ovo, distribuindo bem e cozinhe até ficar consistente, entre um e dois minutos. Remova, reduza o fogo para baixo e faça o mesmo com a gema. Ponha sobre a fatia de clara, enrole as duas juntas e corte transversalmente em tiras.
6. Aqueça meia colher de sopa do óleo de amendoim numa wok ou numa frigideira grande em fogo médio. Agregue a cebola e refogue até ficar tenra, cerca de quatro minutos. Distribua o sal sobre ela e remova para uma tigela grande. Repita este passo com cada um dos vegetais, adicionando meia colher de sopa de óleo e sal a cada vez e transferindo para a tigela. Faça o mesmo, por último, com o porco e a marinada, cozinhando até ficar no ponto, uns dois minutos. Retire da wok e ponha na tigela.
7. Ponha a colher de sopa de óleo restante na wok. Quando estiver aquecida, adicione o talharim e frite, mexendo, por um minuto. Mexa a mistura de molho de soja reservada e adicione ao talharim mexendo, e cozinhe por mais trinta segundos. Adicione o porco e os vegetais ao talharim, misture bem e deixe tudo quentinho, cerca de trinta segundos. Sirva imediatamente, guarnecido com as tiras de ovo.

Serve quatro porções.

A Essência do Prato
Equilibrando a firmeza da carne de porco com os escorregadios filamentos do talharim, a que se soma uma multiplicidade de vegetais... doce com salgado... e as cores de todos os Cinco Elementos, o Talharim com Carne de Porco ao Gergelim apresenta um modelo de integração. O talharim é sem cor e sem sabor até entrar em contato com os ingredientes

com os quais é cozido. Nesse momento, ele se torna a própria essência do prato, um veículo que transmite e destila as cores e sabores ao seu redor, tornando o caos claro com seus suculentos resultados.

Às vezes, é necessário que todos nós nos comportemos como o talharim.

Opções e Oportunidades
Procure o talharim vermicelli, um talharim transparente feito do amido do feijão mung, na seção asiática dos supermercados, em mercados asiáticos e em lojas de produtos naturais. Um saco de 170 gramas de espinafre pré-lavado economiza tempo e proporciona a quantidade certa para a receita.

Se preferir retirar o porco para fazer um prato vegetariano, use de 170 a 225 gramas de talharim, aumente a quantidade de vegetais ao seu gosto e combine toda a marinada e todos os ingredientes do molho numa só tigela a fim de adicioná-los ao talharim durante o cozimento.

Como a fritada mexida tem de ser feita na hora, é bom seguir o prato de talharim com alguma fruta ou sobremesa.

O Prato Feng Shui
O talharim é bem servido em pratos que tragam uma de suas cores elementais.

TRAVESSA DE TALHARIM COM SOBA — YIN

340 gramas de talharim soba desidratado

Molho de Dashi
- 2 xícaras (500 ml) de água
- 1/2 colher de sopa de dashi (caldo japonês de sopa) instantâneo
- 1/4 de xícara (60 ml) de molho de soja
- 1/4 de xícara (60 ml) de vinagre de arroz
- 1/4 de xícara (60 ml) de açúcar
- 2 colheres de sopa de saquê
- 1 colher de sopa de casca de laranja ralada

Acompanhamentos: daikon ralado, brotos de feijão mung, pepino sem sementes cortado em fatias finas, cebolinhas fatiadas.

1. Leve uma panela grande de água com sal a ferver. Acrescente o talharim, mexa e deixe voltar a ferver. Acrescente uma xícara (250 ml) de água fria e deixe ferver outra vez. Remova do fogo e deixe descansar por cinco minutos. Escorra e lave bem, separando os fios com os dedos. Ponha sobre um pano de prato limpo e seque todos os fios; cubra e ponha no refrigerador.
2. Para o Molho de Dashi, leve a água a ferver. Adicione o dashi instantâneo e reduza o fogo a baixa fervura. Quando o dashi se dissolver, acrescente o molho de soja, o vinagre, o açúcar e o saquê. Leve de volta à baixa fervura e cozinhe por mais dois minutos. Remova do fogo, misture a casca de laranja, deixe esfriar e refrigere.
3. Para servir, ponha o talharim resfriado em tigelas (lave com água e seque se estiverem grudados). Ponha em pratos grandes ao lado de tigelinhas contendo o molho onde mergulhar e quantidades dos acompanhamentos. Usando pauzinhos, pegue fios de talharim e acompanhamentos e mergulhe cada pedaço no molho como desejar.

Serve quatro porções.

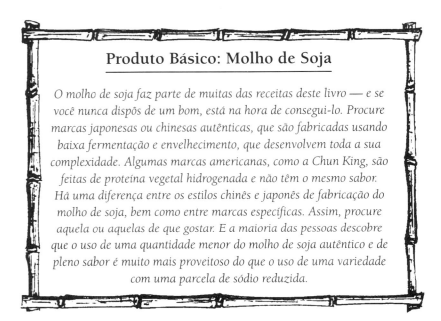

Produto Básico: Molho de Soja

O molho de soja faz parte de muitas das receitas deste livro — e se você nunca dispôs de um bom, está na hora de consegui-lo. Procure marcas japonesas ou chinesas autênticas, que são fabricadas usando baixa fermentação e envelhecimento, que desenvolvem toda a sua complexidade. Algumas marcas americanas, como a Chun King, são feitas de proteína vegetal hidrogenada e não têm o mesmo sabor. Há uma diferença entre os estilos chinês e japonês de fabricação do molho de soja, bem como entre marcas específicas. Assim, procure aquela ou aquelas de que gostar. E a maioria das pessoas descobre que o uso de uma quantidade menor do molho de soja autêntico e de pleno sabor é muito mais proveitoso do que o uso de uma variedade com uma parcela de sódio reduzida.

A Essência do Prato

Essa apresentação clássica do talharim japonês é uma lição de paciência e de graciosidade. Preparar cada bocado ao longo da refeição e manobrar os talharins da tigela para o molho e deste para a boca são ações que requerem toda a sua atenção ao momento. Aqui estão os cinco sabores, que você pode combinar da maneira que quiser, exercendo a sua capacidade de identificar seus desejos, de examinar as variáveis e de executar um plano.

Esse prato também é isento de gordura. Quer coisa mais sofisticada?

Opções e Oportunidades

O talharim soba é o talharim japonês feito com os frutos de uma planta anual asiática, moídos. Pode-se encontrá-lo em muitos supermercados, mercados asiáticos e lojas de produtos naturais. Sua espessura pode variar, devendo-se assim ajustar como for necessário o tempo de espera. Você também pode fazer este prato com talharim udon [feito com farinha de trigo e água], mas você vai perder o sabor, que lembra o da noz, e a quantidade naturalmente alta de proteína contida na planta de que é feito o soba.

Para variar, sirva os talharins com Pesto Cilantro (página 176) em vez do Molho de Dashi ou em acréscimo a ele. Reduza a consistência do pesto para ficar adequado ao mergulho. Você também pode fazer experiências com os acompanhamentos. Tente cenoura ralada, palitos de jicama ou o que você tiver à mão.

Faça o talharim e o molho de antemão para que tenham tempo de resfriar — e aprecie a comodidade de uma refeição completa feita com antecedência!

Complementos
Servir meias porções de Tofu Frio com Cebola Branca e Óleo de Gergelim antes deste prato produz uma refeição relaxante, zen, que é ao mesmo tempo nutricionalmente equilibrada e de baixo teor de gordura.

O Prato Feng Shui
Você pode ativar todos os guás dos elementos pondo a tigela de talharim marrom-terra no centro do prato, tendo o Molho de Dashi na parte inferior, as cebolas à esquerda, o daikon e o pepino no topo e os brotos de feijão à direita.

Frango Picante ao Gergelim Yang

1/4 de xícara (60 ml) de sementes de gergelim
1 colher de chá de gengibre
1/2 colher de chá de sementes de erva-doce
1/2 colher de chá de pimenta caiena, ou mais, a gosto
1/8 de colher de chá de sal
   Pimenta preta fresca
4 metades de peito de frango sem ossos e sem pele (450 gramas)
2 colheres de sopa de molho de soja
2 colheres de chá de mel
2 colheres de chá de vinagre balsâmico
3 colheres de sopa de óleo de gergelim moído
2 colheres de chá de alho picado

1. Misture as sementes de gergelim, o gengibre moído, a erva-doce, a pimenta caiena, o sal e a pimenta preta moída num prato raso com borda e passe ligeiramente o frango nessa mistura.
2. Misture o molho de soja, o mel e o vinagre balsâmico e reserve.
3. Aqueça o óleo numa frigideira grande em fogo médio alto. Agregue o frango e cozinhe até ficar gratinado, de três a quatro minutos. Reduza o fogo a médio, vire o frango e cozinhe até ficar firme e totalmente cozido, durante três a quatro minutos mais. Retire a frigideira do fogo, transfira o frango para um prato e mantenha aquecido.
4. Adicione o alho na frigideira e mexa. Leve a frigideira de volta ao fogo e cozinhe até ficar cheiroso. Ponha a mistura de molho de soja, mexa para tirar os resíduos do fundo da frigideira e cozinhe durante um ou dois minutos, até que o molho fique ligeiramente espesso.
5. Sirva o frango em pratos e despeje sobre cada pedaço os sucos da frigideira.

   Serve quatro porções.

A Essência do Prato

Calor, sal, doçura, acidez e o amargor de temperos amarronzados — o Frango Picante ao Gergelim oferece os Cinco Elementos, proporcionando ao mesmo tempo a energia estimulante do Yang. A cobertura picante também convoca a energia do Metal, que proporciona a força produtiva capaz de afastar a estagnação de sua vida e ajudar você a aproveitar uma oportunidade. Experimente este prato para acelerar sua energia e seu fôlego quando for hora de viver num ritmo um pouco mais acelerado.

Opções e Oportunidades

Sopesar os peitos de frango permite que você lhes dê uma espessura uniforme para que cozinhem no mesmo ritmo. Haverá um grande número de sementes de gergelim na frigideira quando você remover o frango; não se preocupe: elas simplesmente se tornarão parte do delicioso molho!

Espedace a pimenta caiena se estiver em busca de calor Yang extra. Se estiver servindo arroz junto com o prato, você também pode dobrar o molho usado para tirar os restos do fundo da frigideira (alho, molho de soja, mel e vinagre balsâmico) a fim de pô-lo sobre o arroz. Uma rápida passagem pelo microondas vai dissolver o mel para você medi-lo melhor.

Complementos

Arroz feito no vapor com feijões verdes levemente refogados (tente fazê-los em óleo de gergelim torrado com umas gotas de anisete) complementam os sabores e forças elementais do Frango Picante ao Gergelim.

O Prato Feng Shui

Este prato de molho escuro fica mais feliz no guá da Água, na parte inferior do prato. Ponha o arroz à direita, para o branco do Metal, e os feijões verdes à esquerda, para a Madeira.

MASSA AO CALDO DE LULA COM LULA FRESCA E ERVAS — EQUILIBRADA

170 gramas de massa ao caldo de lula desidratada
  5 colheres de sopa de azeite de oliva extravirgem, divididas em duas porções
340 gramas de zucchini (abóbora italiana), cortado em fatias finas
  1 pimentão amarelo, sem sementes, cortado em fatias finas
  1 colher de sopa de alho picado
  1 colher de sopa de salsa italiana cortada
340 gramas de lula fresca cortada em anéis
1/2 xícara (125 ml) de vinho branco seco
  2 tomates grandes, sem sementes e cortados em fatias finas
  1 pitada de pimenta caiena
    Queijo parmesão recém-ralado
    Sal e pimenta

1. Leve uma panela grande de água para ferver. Ponha sal generosamente, deixe voltar a ferver e cozinhe a massa de acordo com as instruções do pacote.
2. Enquanto isso, aqueça duas colheres de sopa do azeite de oliva numa frigideira grande em fogo alto. Adicione o zucchini e o pimentão e refogue, mexendo, até que fiquem tenros. Tempere com sal e pimenta, remova da panela e mantenha aquecido.
3. Leve a frigideira ao fogo médio alto e ponha nela uma colher de sopa do azeite de oliva. Acrescente o alho e a salsa e mexa até ficar cheiroso e chiando. Adicione a lula fresca e refogue por um minuto. Agregue o vinho e deixe em baixa fervura por mais dois minutos. Acrescente os tomates e a caiena e deixe em baixa fervura até que os tomates fiquem simplesmente macios, durante mais ou menos um minuto. Remova do fogo e ponha uma colher de sopa de azeite de oliva, duas colheres de sopa de queijo parmesão e sal e pimenta a gosto.
4. Escorra a massa e misture com a abóbora, o pimentão e uma colher de sopa de azeite de oliva. Sirva em pratos quentes e ponha sobre tudo o molho de lula, colocando mais queijo parmesão à mesa.

   Serve quatro porções.

A Essência do Prato

Este marcante prato de massa é, além de bonito, uma paleta que contém os Cinco Elementos num só prato. A lula, com sua tinta preta e sua carne branca, é uma criatura Yin-Yang por excelência, e, aqui, o equilíbrio entre o preto e o branco é sustentado pelo verde, pelo vermelho e pelo amarelo, criando um ciclo completo da criação.

Um prato rápido, delicioso e saudável que leva massa, vegetais, frutos do mar e azeite de oliva, é um bom hábito culinário para manter o equilíbrio de toda a sua vida. Ele contém tudo o que você precisa, alimentando os seus sentidos e as suas células sem consumir demais um tempo precioso.

Opções e Oportunidades

É possível criar muitas variações desse prato conservando o equilíbrio entre os cinco elementos. Troque os vegetais pertencentes à mesma família cromática — espinafre no lugar de zucchini, cenoura em fatias finas no lugar do pimentão amarelo, etc. Você pode transformá-lo em prato vegetariano substituindo as lulas por tofu prensado. Se preferir não usar o vinho, use caldo de peixe ou de galinha, ou caldo de mariscos.

Complementos

Adicione uma salada verde e talvez algumas peras levemente refogadas ou bananas assadas como sobremesa.

O Prato Feng Shui

A pasta preta e as cores restantes dos elementos destacam-se melhor quando postas em grandes pratos brancos.

Abóbora Recheada Yin

  2 abóboras de 450 gramas cada
    Óleo de amendoim
    Sal e pimenta
  1 xícara (250 ml) de pimentão vermelho grande cortado em cubos
1/2 xícara (125 ml) de cebola branca
1/2 xícara (125 ml) de painço com casca
1 ½ xícara (375 ml) de caldo de galinha
1/2 xícara (125 ml) de grãos de milho, frescos ou congelados e descongelados
  2 colheres de sopa de salsa italiana picada
1/2 colher de chá de sal
1/8 de colher de chá de pimenta
  2 colheres de sopa de manteiga sem sal
  2 colheres de chá de óleo de gergelim torrado

1. Pré-aqueça o forno a 180 °C. Divida a abóbora ao meio no sentido do comprimento, remova as sementes e membranas, pincele as quatro superfícies cortadas com óleo de amendoim e tempere com sal e pimenta. Ponha os pedaços de abóbora com o lado cortado para baixo numa assadeira e asse até que fiquem tenros e caramelizados, durante cerca de 45 minutos.
2. Enquanto a abóbora assa, aqueça uma colher de sopa de óleo de amendoim numa frigideira grande em fogo médio. Adicione o pimentão e a cebola e refogue por dois minutos. Agregue o painço e refogue, mexendo, durante cerca de quatro minutos, até que fique de um marrom dourado e comece a cheirar a nozes. Derrame o caldo de galinha, cubra e leve a ferver. Reduza o fogo e deixe em baixa fervura, com a frigideira coberta, até que o painço fique tenro e o líquido seja absorvido, cerca de 20 minutos. Remova do fogo e deixe descansar por mais dez minutos. Afofe com um garfo.
3. Quando a abóbora estiver pronta e fria o suficiente para que você possa pegá-la, retire a carne, deixando as cascas intactas. Amasse a polpa com a mão ou dê-lhe forma de purê num processador de alimentos.

4. Misture a polpa, o milho, a salsa, o sal e a pimenta com o painço, mexendo bem. Ponha essa massa nas cascas de abóbora e coloque-as numa forma.
5. Dissolva a manteiga e misture com o óleo de gergelim. Ponha a mistura sobre as abóboras. Asse a 180 °C até começarem a borbulhar e apresentarem uma coloração marrom dourada, cerca de 20 minutos.

Serve quatro porções.

A Essência do Prato
A primeira menção conhecida ao painço estava no guia agrícola chinês *Fan Shen-Chiu Shu*, por volta de 2800 a.C., que declarava ser ele um dos cinco grãos sagrados da China. Produto básico de civilizações antigas dos gregos aos visigodos e postulado como quitute favorito dos dinossauros, o painço vem nutrindo as criaturas da terra há milênios e permanece sendo, em todo o mundo não-ocidental, um importante alimento — e por boas razões! Rico em vitaminas B, em ferro e em cálcio, o painço também tem uma alta taxa de proteína e é particularmente rico no aminoácido que promove o sistema imunológico, a lisina.

Com esses atributos essenciais, não surpreende que o painço seja o grão do elemento Terra. E aqui ele se junta a seus companheiros elementais, as cebolas, a abóbora e o milho, na composição de um prato hipercarregado da energia harmonizadora e nutridora da Terra. O milho também complementa o painço, dada a alta qualidade da sua proteína vegetal, o que permite que você aproveite bem este prato vegetariano sabendo que todas as suas necessidades foram atendidas. A Terra é o elemento da honestidade; tente a doce Abóbora Recheada quando estiver tendo problemas para contar a verdade a alguém.

Opções e Oportunidades
Assegure-se de comprar o painço que alimenta pessoas e não o dos pássaros! É possível encontrá-lo em lojas de alimentos naturais. Se você assar a abóbora até que ela fique bem tenra, a polpa vai estufar e você poderá comer o produto inteiro, com casca e tudo. Tenha muito cuidado para não rasgar as cascas delicadas quando retirar a polpa.

Complementos
Termine a refeição com o fruto mais telúrico, o damasco.

O Prato Feng Shui
O centro do prato é o único ponto adequado a esta receita tão impregnada do elemento Terra.

TARTARE DE SALMÃO   YIN

675 gramas de filés de salmão fresco
  2 cebolas brancas finamente picadas
1/4 de xícara de gengibre em conserva picado (60 ml), mais um pouco para a guarnição
  2 colheres de chá de wasabi preparado, e mais um pouco para a guarnição
  1 colher de sopa de suco de lima fresco
  1 colher de sopa de óleo de gergelim torrado
1/2 colher de chá de sal ou a gosto
    Pimenta preta moída recentemente
  4 folhas de nori (alga japonesa)

1. Retire a pele do salmão e parta-o em cubos irregulares. Ponha no processador de alimentos e bata até a carne ficar em pedacinhos. Não bata demais.
2. Transfira o salmão para uma tigela e acrescente as cebolas, o gengibre, o wasabi, o suco de lima, o óleo de gergelim, o sal e a pimenta. Mexa suavemente para misturar. Cubra e refrigere até ficar frio.
3. Na hora de servir, ponha uma frigideira larga em fogo médio alto e asse cada folha de nori até ela adquirir uma coloração verde brilhante, durante cerca de dois minutos de cada lado. Corte cada folha em quatro quadrados, arrume num prato e ponha em cima o tartare de salmão.

Serve quatro porções como entrada ou oito porções como aperitivo.

A Essência do Prato
Esta apresentação crua é uma boa maneira de aproveitar a riqueza do salmão e ao mesmo tempo aumentar a sua energia Yin. Os óleos ômega 3, benéficos ao coração, que existem no peixe, combinam-se com a nori, rica em vitaminas A e C, e com a energia cardiovascular do Fogo do peixe rosado e do wasabi amargo para tornar o Tartare de Salmão bom para se ter uma longa vida.

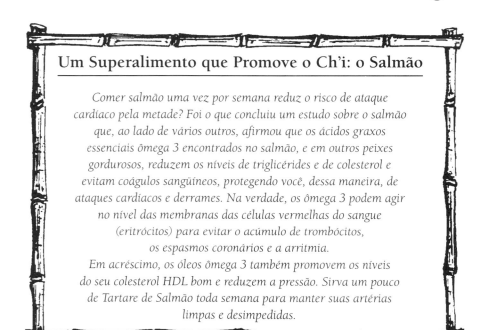

Um Superalimento que Promove o Ch'i: o Salmão

Comer salmão uma vez por semana reduz o risco de ataque cardíaco pela metade? Foi o que concluiu um estudo sobre o salmão que, ao lado de vários outros, afirmou que os ácidos graxos essenciais ômega 3 encontrados no salmão, e em outros peixes gordurosos, reduzem os níveis de triglicérides e de colesterol e evitam coágulos sangüíneos, protegendo você, dessa maneira, de ataques cardíacos e derrames. Na verdade, os ômega 3 podem agir no nível das membranas das células vermelhas do sangue (eritrócitos) para evitar o acúmulo de trombócitos, os espasmos coronários e a arritmia.
Em acréscimo, os óleos ômega 3 também promovem os níveis do seu colesterol HDL bom e reduzem a pressão. Sirva um pouco de Tartare de Salmão toda semana para manter suas artérias limpas e desimpedidas.

Opções e Oportunidades

Você pode guarnecer o Tartare com fatias adicionais de gengibre e gotículas de wasabi (cuidado: é quente!) ou levar os temperos à mesa para que cada qual se sirva deles a gosto. Isso cria uma boa comida a ser ingerida usando-se os dedos. Pegue simplesmente um quadrado de nori, enrole-o e coma.

Elementos Complementares

Para uma refeição fria, feita de antemão e de muito sabor, sirva o Tartare como aperitivo e, em seguida, a Salada de Talharim com Pecíolo de Arroz.

O Prato Feng Shui

Componha um prato que contém os Cinco Elementos e uma refeição interessante pondo o salmão no guá do Fogo e da Água, na parte superior e esquerda do prato, respectivamente. No centro, faça um montinho de salada de cenoura ralada temperada com vinagre de arroz e açúcar. À direita, complemente o Metal com a cor branca do arroz. E, na parte inferior, ponha uma colherada de ovas salgadas de peixe (*Cyclopterus lumpus*, peixe do Atlântico Norte).

Tempura du Jour

Cerca de 4-6 xícaras (1-1,5 l) no total, à sua escolha
    Zucchini, abóbora, berinjela japonesa, cenouras, batatas-doces, batatas-roxas, em fatias espessas
    Cebolas
    Pimentões doces, cortados em pedaços espessos
    Vagens, cebolinha, em pedaços de 5 cm de comprimento
    Cogumelos inteiros, domésticos ou shiitake (remova os caules duros)

Cerca de 450 gramas no total, à sua escolha
    Camarão cru com casca, inteiro
    Anéis de lula
    Frango, carne de boi, carne de porco, filés de peixe firmes, crus, cortados em pedaços de 1,25 cm

Molho
1 1/2 xícara (375 ml) de água
1 1/2 colher de chá de dashi instantâneo (caldo de sopa japonês)
1/4 de xícara (60 ml) de mirin (vinho doce japonês usado no cozimento)
  6 colheres de sopa de molho de soja
  6 xícaras (1,5 l) de óleo vegetal
    Farinha de trigo (cerca de 1/2 xícara ou 375 ml)
4-5 xícaras (1-1,2 l) de panko (migalhas de pão japonês)

Massa
  2 ovos
1/2 xícara (125 ml) de água
  1 colher de chá de sal
  1 limão, cortado em quatro partes

1. Prepare os vegetais, a carne e/ou frutos do mar de sua escolha da maneira especificada. Assegure-se de que todos os ingredientes estejam secos.
2. Prepare o molho: misture a água, o dashi instantâneo, o mirin e o molho de soja numa panela e leve a ferver. Reduza o fogo e mantenha quente no fogo mais baixo possível.
3. Aqueça o óleo numa wok, numa frigideira funda ou numa frigideira grande e pesada a 170-182 °C. Enquanto isso, ponha um pouco de farinha e um pouco de migalhas de pão em dois pratos rasos com borda para segurar e ponha toalhas de papel numa bandeja para secar a tempura pronta. Faça a massa batendo ligeiramente os ovos numa tigela e batendo então a água e o sal.
4. Para cozinhar a tempura, trabalhe com um tipo de ingrediente de cada vez. Passe na farinha e retire o excesso. Passe na massa de ovo e retire o excesso. Role no panko e frite, virando uma vez, até que cada pedaço fique gratinado e tenro, entre três e cinco minutos (isso varia de acordo com a quantidade dos ingredientes e com a temperatura do óleo). Remova com uma escumadeira e ponha sobre a toalha de papel. Retire pedaços avulsos da massa de ovos do óleo à medida que fritar.
5. Sirva a tempura com o molho em pequenas tigelas individuais e pondo ao lado os pedaços de limão.

Serve quatro porções.

A Essência do Prato
Nada o aquece mais do que trabalhar rapidamente em alimentos que precisam ser fritos em óleo bem quente; assim, esteja certo de que você está precisando de comidas Yang ao ingerir a Tempura du Jour. Alimentos fritos são a síntese da riqueza e da alta temperatura da energia Yang, como você vai descobrir quando morder aqueles pedaços frescos, leves, tirando-os diretamente da frigideira sem deixar que esfriem nem por um momento. Aqui, você está brincando com fogo e com óleo fervente, e é esse tipo de jogo que faz aparecer a sua capacidade de afirmação, sua resposta rápida e sua valentia. Experimente a Tempura du Jour como preparação para realizar múltiplas tarefas e para pensar com a própria cabeça.

Opções e Oportunidades

O prato é estruturado para ser flexível na sua constituição, misturando e juntando os ingredientes que você tiver à mão, o que estiver fresco no mercado ou os sabores pelos quais você anseia hoje. A Tempura du Jour pode ser diferente a cada vez que você a fizer, levando você a exercitar sua capacidade de criar e proporcionando um desafio e um estímulo constantes ao seu campo de força Yang. Se preferir uma tempura totalmente vegetariana (uma excelente maneira de obter energia Yang sem carne), dobre a quantidade de vegetais. Use migalhas de pão comum se não puder encontrar o panko.

Deixe o óleo esquentar por bastante tempo. Para uma produção em linha de montagem eficiente, ponha toda a quantidade de um dado tipo de ingrediente na farinha. Mergulhe um pedaço de cada vez no ovo e passe no panko, deixando os pedaços no prato onde está o panko até que eles estejam totalmente recobertos. Trabalhando com rapidez, ponha cada pedaço separadamente no óleo para que não grudem uns nos outros. Não encha demais a frigideira; se for preciso, divida as porções pela metade. Transfira as porções que já escorreram para um prato e mantenha-as quentes no forno, na temperatura mais baixa possível, enquanto você termina de fritar.

Complementos

A cerveja é a bebida clássica para acompanhar a tempura. Depois do calor da fritura, você provavelmente vai agradecer por uma sobremesa simples de frutas frescas, talvez com um pouquinho de iogurte congelado sem gordura. Ou então experimente as Tortas de Tofu com Chá Verde, feitas de antemão e resfriadas.

O Prato Feng Shui

Ponha os pedaços de limão no lado esquerdo, ácido, da Madeira; ponha o molho na parte inferior, no guá sombrio e salgado da Água; e espalhe a tempura no resto do prato.

TACOS DE THAI   YANG

 2 colheres de sopa de suco de lima fresco
 4 colheres de chá de molho de peixe
 1 colher de chá de açúcar
 1 colher de sopa de óleo de amendoim
450 gramas de carne de porco crua
 1 colher de sopa de molho de soja
 2 chalotas, cortadas em metades verticalmente e fatiadas no sentido do comprimento
 1 cebola branca, fatiada
 1 pimenta dedo-de-moça vermelha fresca, partida pela metade, sem sementes e cortada em fatias finas
 1 colher de sopa de gengibre fresco picado
 1 colher de sopa de manjericão fresco cortado em pedaços
1/4 de xícara (60 ml) de amendoins torrados grosseiramente partidos
 1 pé pequeno de alface lisa, separada em folhas

1. Misture o suco de lima, o molho de peixe e o açúcar numa tigela pequena; mexa para dissolver. Reserve.
2. Aqueça uma wok ou uma frigideira em fogo alto e adicione o óleo. Quando o óleo estiver quente, acrescente a carne de porco, partindo-a e mexendo para cortá-la, durante cerca de três minutos. Agregue o molho de soja e frite, mexendo sempre, até que a carne de porco esteja cozida, durante mais ou menos uns cinco minutos. Adicione as chalotas, a cebolinha, a pimenta dedo-de-moça e o gengibre e continue a cozinhar até ficar cheiroso e gratinado, durante cerca de três minutos mais.
3. Remova do fogo e despeje a mistura de suco de lima, o manjericão e os amendoins.
4. À mesa, com a colher, ponha a carne de porco em folhas de alface, enrole e coma.

   Serve quatro a cinco porções como primeiro prato ou duas a três como entrada.

A Essência do Prato

Ao mesmo tempo ácido, amargo, doce e salgado, Tacos de Thai apresentam uma boa mistura de elementos, agradando e estimulando o seu paladar. O calor da pimenta dedo-de-moça promove a influência do Metal, devendo-se assim esperar uma dose de rigidez; e a energia complementar da Água na carne de porco oferece a você a clareza mental para pôr seus princípios em perspectiva. O contraste entre o recheio quente e rico e o invólucro frio e tenro de alface lembra a você a importância do equilíbrio; e os sucos misturados evitam que o Metal e o Yang tornem você demasiado orgulhoso.

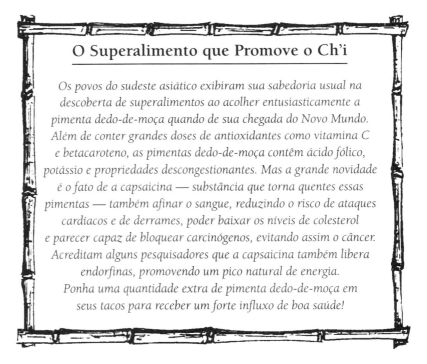

O Superalimento que Promove o Ch'i

*Os povos do sudeste asiático exibiram sua sabedoria usual na descoberta de superalimentos ao acolher entusiasticamente a pimenta dedo-de-moça quando de sua chegada do Novo Mundo. Além de conter grandes doses de antioxidantes como vitamina C e betacaroteno, as pimentas dedo-de-moça contêm ácido fólico, potássio e propriedades descongestionantes. Mas a grande novidade é o fato de a capsaicina — substância que torna quentes essas pimentas — também afinar o sangue, reduzindo o risco de ataques cardíacos e de derrames, poder baixar os níveis de colesterol e parecer capaz de bloquear carcinógenos, evitando assim o câncer. Acreditam alguns pesquisadores que a capsaicina também libera endorfinas, promovendo um pico natural de energia.
Ponha uma quantidade extra de pimenta dedo-de-moça em seus tacos para receber um forte influxo de boa saúde!*

Opções e Oportunidades

Lembre-se de estar com todas as coisas cortadas antes de começar a cozinhar. Se não come carne de porco, você pode fazer os tacos com carne de peru.

Complementos

Quando você está com pressa, os Tacos de Thai são uma refeição rápida que contém um prato principal, uma salada e uma entrada numa única iguaria. Para uma refeição mais elaborada, que combine o quente e o frio, sirva os tacos como prato anterior ao Macarrão com Amendoim dos Cinco Elementos. Você pode experimentar ainda um Chardonnay de Frutas Tropicais para complementar sua refeição.

Sobremesas

PUDIM DE CREME DE COCO E BANANA　　　YIN

400 ml de leite de coco
1/2 xícara (125 ml) de açúcar
2 colheres de sopa (30 ml) de amido de milho
1 pitada de sal
4 gemas de ovo
1/2 colher de chá de extrato de baunilha
1 banana, sem casca e cortada em fatias bem finas
1/2 xícara (60 ml) de suco de laranja

1. Numa panela média, leve o leite de coco a ferver, reduza o fogo e cozinhe em fogo baixo durante três minutos. Retire do fogo.
2. Numa tigelinha, misture o açúcar com o amido de milho e o sal. Bata aí dentro as gemas de ovo. Ponha um pouco do leite de coco quente na mistura do ovo para temperar, e ponha a mistura na panela. Cozinhe em fogo médio, mexendo constantemente, até que a mistura fique bem espessa e o ato de mexer crie uma trilha clara, de oito a doze minutos. Retire do fogo e ponha a baunilha. Deixe esfriar, cubra e refrigere.
3. Várias horas antes de servir, distribua a massa por quatro tigelas de sobremesa. Mergulhe as fatias de banana no suco de laranja para evitar a descoloração e arrume-as sobre os pudins. Refrigere até a hora de servir.

　　Serve quatro porções.

A Essência do Prato
Este pudim frio e acetinado que traz no seu topo suaves bananas é um puro alimento de deleite, capaz de fazer você voltar ao seio materno numa única mordida. Com a banana amarela e doce, que é um arauto do elemento Terra — honestidade, fé e encantamento —, esta é uma sobremesa que serve para devolver você a um estado de inocência.

Opções e Oportunidades
Assegure-se de usar o leite de coco comum, e não o creme de leite de coco. Para evitar que se forme uma película na massa à medida que esta resfria, ponha um pedaço de plástico diretamente sobre a sua superfície.

Complementos
Este pudim traz uma quantidade de gordura saturada bem alta, razão pela qual o seu corpo vai recebê-lo melhor depois de uma refeição vegetariana não saturada, como Sopa de Miso, Salada de Talharim com Pecíolo de Arroz, Travessa de Talharim com Soba, Gravatinhas com Brócolos, Sanduíche de Tofu Grelhado, Salada Yin-Yang ou uma Fritada Mexida-Flexível sem carne.

O Prato Feng Shui
Doce, amarelo e enchendo a tigela a partir do centro, o Pudim de Creme de Coco e Banana se aloja naturalmente na posição do elemento Terra.

Parfait Balsâmico   Yin

1/2 xícara (125 ml) de vinagre balsâmico
2 colheres de sopa de açúcar
1 ½ xícara (375 ml) de morangos, cortados em fatias
3/4 de xícara (180 ml) de amoras pretas
3/4 de xícara (180 ml) de amoras silvestres

1. Misture o vinagre balsâmico e o açúcar numa panela pequena, ponha em fogo médio e cozinhe até reduzir a mistura pela metade, com a consistência de um xarope, durante cerca de dez a quinze minutos. Deixe esfriar.
2. Ponha metade dos morangos no fundo de quatro tigelas de vidro de sobremesa ou copos altos. Ponha sobre elas uma camada formada por todas as amoras, pelos morangos que sobraram e pelas amoras silvestres. Cubra a mistura com o xarope balsâmico.
3. Cubra e refrigere até a hora de servir.

Serve quatro porções.

A Essência do Prato
Exemplo clássico de equilíbrio agridoce, o Parfait Balsâmico é uma maneira elegante de aproveitar o melhor dos frutos do verão. O vinagre é considerado capaz de refrescar e de purificar (sendo recomendado após o parto), e essa redução balsâmica promove a mais doce nuança do sabor do fruto para produzir um efeito Madeira-e-Terra, que desintoxica e alimenta, concentra e relaxa o seu ch'i.

Suas células e seu sistema digestivo também vão agradecer. Os morangos, uma superfruta, estão cheios de vitamina C (para obter sua quantidade diária, use 3/4 de xícara ou 180 ml), ao lado do potássio e das substâncias fitoquímicas anticarcinogênicas ácido-elágico e flavonóides. E as amoras contêm o mais elevado conteúdo de fibras dos frutos desse gênero.

Opções e Oportunidades

Você pode substituir as amoras ou as amoras silvestres, se não as encontrar ou se a sua qualidade não estiver boa, por framboesas. Para dar aos morangos uma atraente forma de coração, corte-os no sentido do comprimento.

Complementos

Esta sobremesa complementa qualquer entrada, mas é particularmente bem-vinda como elemento promotor do equilíbrio depois do consumo de alguma coisa rica ou quente, como Filé Mignon Assado no Fogo ou Camarão Embebido em Vinho.

BROWNIES ESCUROS   YANG

  1 xícara (250 ml) de nozes
170 gramas de chocolate amargo
1/2 xícara de manteiga sem sal (125 ml) cortada em pedaços
  2 xícaras (500 ml) de açúcar
  1 colher de sopa de café preto ou expresso instantâneo
  2 colheres de chá de pimenta preta
  1 pitada de sal
  3 ovos
  1 colher de chá de extrato de baunilha
  1 xícara (250 ml) de farinha de trigo

1. Pré-aqueça o forno a 180 °C. Cubra o fundo de uma forma de 33 por 23 cm com papel de alumínio, adicione um pouco de manteiga e ponha no forno em pré-aquecimento durante um ou dois minutos para a manteiga derreter. Retire do forno e esfregue a manteiga, com uma toalha de papel, por todo o papel alumínio. Reserve.
2. Torre as nozes no forno até que fiquem cheirosas, durante cinco a oito minutos. Corte-as em pedaços irregulares.
3. Misture o chocolate e a manteiga numa forma grande que vá ao microondas, e ponha-a no microondas, na potência alta, por dois minutos. Mexa. Se o chocolate ainda não estiver derretido, continue a intervalos de um minuto, mexendo entre eles. (Ou dissolva o chocolate e a manteiga juntos em água fervente em banho-maria.)
4. Misture o açúcar, o pó de café, a pimenta preta e o sal com a mistura de chocolate. Misture os ovos e a baunilha. Agregue a farinha e as nozes e mexa até misturar bem.
5. Espalhe a massa na forma preparada e asse até que assente e até que um palito saia com resíduos molhados, isso de 24 a 26 minutos. Deixe esfriar por completo, vire, retire o papel alumínio e corte em quadradinhos.

Rende 24 brownies pequenos ou doze grandes.

A Essência do Prato

O chocolate é Yang doce, e quando se combina com o café amargo e com o toque da pimenta preta, forma um brownie escuro que vai despertar os seus sentidos e aplacar seus mais profundos anseios. Sabe-se que o chocolate, alimento rico e estimulante, libera no corpo endorfinas, tal como a atividade atlética — mas sem suor ou esforço.

Com um ciclo da criação que envolve quatro elementos — o Fogo do chocolate e do café amargos, a energia da Terra no açúcar doce, o Metal no gosto quente das pimentas e a Água da cor escura dos Brownies —, estes Brownies Escuros proporcionam energia Yang para qualquer empreendimento que requeira determinação.

Opções e Oportunidades

Cobrir a assadeira com papel alumínio permite que você remova o bolo inteiro para cortar melhor (o que também poupa a superfície da assadeira). A quantidade de pimenta preta pedida aqui proporciona um tempero delicado; você pode reduzi-la ou aumentá-la a gosto. Se preferir o brownie mais espesso, asse numa assadeira de 23 cm, dando-lhe um tempo extra no forno.

Complementos

O que não combina com chocolate? Experimente um piquenique perfeitamente equilibrado com o prato Yin Salada de Talharim com Pecíolo de Arroz, tendo Brownies Escuros como sobremesa; você também pode experimentar algo Yang, como Costela de Bezerro com Pimenta Dedo-de-Moça e Mel, ou entregar-se às suas mais estranhas fantasias Yang com Filé Mignon Assado no Fogo com Molho de Cogumelo Silvestre, deixando um pouco de vinho tinto para tomar com os brownies.

O Prato Feng Shui

Forte, fácil de carregar e dotado de muitas forças elementais, os Brownies Escuros podem ser servidos como você quiser — num guardanapo, na praia, ou num belo prato de vidro de sobremesa com um garfo.

SUNDAES DE FOGO E GELO   EQUILIBRADA

170 gramas de chocolate meio amargo, cortado em pedaços grossos
1 colher de sopa de manteiga sem sal
1/2 colher de chá de café preto ou expresso instantâneo
1/4 de xícara (60 ml) de xarope de milho leve
1/4 de xícara (60 ml) de leite
1 sorvete de baunilha ou iogurte congelado de 1 litro
1/4 de xícara (60 ml) de Bourbon, aquecido

1. Misture o chocolate e a manteiga numa tigela que vá ao microondas e ao fogo, e ponha-a no microondas, em potência máxima, durante um minuto. Mexa. Continue a intervalos de 30 segundos até dissolver o chocolate. Adicione o café, vá despejando aos poucos o xarope de milho e, em seguida, o leite.
2. Sirva o sorvete em tigelas. À mesa, acenda o Bourbon e derrame-o na calda. Quando as chamas se apagarem, mexa e ponha-a com colheres sobre o sorvete.

Serve quatro porções, com sobra de calda.

A Essência do Prato
Poucos pratos ilustram tão impressionantemente o conceito de equilíbrio entre opostos quanto os Sundaes de Fogo e Gelo. O sorvete e o iogurte congelado são alimentos frios, doces, Yin, que aliviam a tensão e a ansiedade ao relaxar e expandir o estômago. O chocolate, o café e o Bourbon são, todos eles, alimentos amargos e aquecedores que estimulam o coração e o fígado, aumentando a energia e a circulação. Quente e frio, preto e branco, estimulante e suavizante, Yang e Yin — o casamento do chocolate quente com a baunilha congelada é tão especial quanto de vida curta. O sorvete que derrete na sua tigela lembra a você o fato de o equilíbrio perfeito ser sempre transitório, destinado a ceder lugar à mudança e ao começo de um novo ciclo.

Opções e Oportunidades

Você pode substituir o Bourbon por uísque comum ou escocês. Você também pode variar o sabor do sorvete, mas sacrificando a pureza da dicotomia chocolate-baunilha. Cuide de servir os sundaes o mais rápido possível!

Complementos

Os Sundaes de Fogo e Gelo são o arremate perfeito para qualquer refeição. Experimente-os em todas as suas ocasiões especiais.

O Prato Feng Shui

Tigelas de vidro claro destacam melhor o esquema cromático Yin-Yang.

Bolo de Amêndoas Temperado   Yang

120 gramas de amêndoas escaldadas (cerca de 1 xícara ou 250 ml)
  3 colheres de sopa de açúcar
1/3 de xícara (80 ml) de farinha de trigo
1/2 xícara de chá de canela em pó
1/2 xícara de chá de gengibre moído
1/2 xícara de chá de cravo moído
1/4 de colher de chá de sementes de anis esmagadas
1/4 de colher de chá de sementes de erva-doce esmagadas
  3 ovos
2/3 de xícara (160 ml) de açúcar
  2 colheres de chá de extrato de baunilha
1/2 colher de chá de extrato de amêndoas
1/8 de colher de chá de sal
1/2 xícara (125 ml) de manteiga sem sal, amaciada

Glacê
1/2 xícara (125 ml) de manteiga sem sal, amaciada
1/2 xícara (125 ml) de açúcar
1/2 colher de chá de extrato de amêndoas
1/2 xícara (125 ml) de leite quente

1. Pré-aqueça o forno a 180 °C. Unte com a manteiga uma assadeira de 23 cm, cubra o fundo com papel-manteiga, unte o papel e cubra com farinha.
2. Bata as amêndoas e três colheres de sopa de açúcar num processador de alimentos até que fiquem bem pulverizadas. Misture com a farinha e os temperos e reserve.
3. Misture os ovos e 2/3 de xícara (160 ml) de açúcar numa panela em banho-maria, ou equivalente, ponha numa água quase fervente e bata em alta velocidade com um misturador elétrico até que os ovos fiquem espumantes, espessos e de cor clara, isso por aproximadamente quatro minutos. Retire do fogo, acrescente os extratos e o sal, e continue a bater até que a mistura fique bem espessa, macia e bran-

ca, formando um fio a partir dos batedores, cerca de seis minutos mais.
4. Numa tigela, bata 125 ml de manteiga com uma espátula de plástico até ficar fofa. Usando a espátula, ponha 1/4 da mistura de ovos e depois 1/4 da mistura de amêndoas. Repita três vezes. Ponha na assadeira preparada e asse até que a mistura apresente uma coloração dourada, macia ao toque, e comece a se despegar dos lados da assadeira, durante 30 a 35 minutos.
5. Esfrie o bolo que está na assadeira, coloque-o numa bandeja, por quinze minutos; então, passe uma faca ao redor dele e inverta-o na bandeja. Retire o papel, inverta-o outra vez em outra bandeja e deixe esfriar por completo.
6. Para o glacê, bata a manteiga e o açúcar juntos em alta velocidade até a mistura ficar leve e vaporosa. Misture o extrato de amêndoas. Misture bem devagar o leite quente.
7. Ponha o glacê sobre o bolo esfriado, cubra e refrigere de um dia para o outro.

Serve de seis a oito porções.

A Essência do Prato

Este bolo oferece o calor e a força do Yang em sua rica quantidade de manteiga, nos temperos quentes e no branco puro das amêndoas e do glacê. Preocupado com as calorias? Bem, não seja tão rígido, sabe-se que o prazer mantém as pessoas bem, que o excesso controlado tende a levar a melhores hábitos alimentares e que amêndoas trazem boa sorte. O sábio compreende o poder de uma sobremesa deliciosa e se entrega a ela com jubilosa discrição.

Opções e Oportunidades

Este é um bolo Genoise clássico, e seu fermento vem das mudanças estruturais por que passam os ovos quando batidos sobre o fogo. Você vai precisar de alguma paciência nesta etapa, mas considere isso uma diversão: é fascinante observar os ovos se metamorfosearem enquanto o ar, o calor e o movimento transformam algo úmido e denso em algo seco e leve. Assegure-se de que a manteiga a ser usada esteja bem amaciada ou você terá problemas com a mistura.

Sobremesas

Este bolo fica melhor quando comido um dia depois de ficar pronto, pois terá desenvolvido plenamente seus sabores. Para lhe dar uma aparência mais festiva, decore a parte superior do bolo com amêndoas torradas e pedacinhos de gengibre açucarado.

Complementos
Você quer algo Yang? A complexa riqueza deste bolo é uma excelente seqüência de algo brilhante e impetuoso como os Tacos de Thai. Ou talvez você prefira um lanche todo branco, Yin-Yang, que inclua a Salada de Caranguejo e Pepino, e o bolo.

O Prato Feng Shui
Este se torna o verdadeiro bolo da boa sorte quando você ativa o Metal em sua cor branca e na acidez do gengibre servindo-o com a parte espessa da fatia voltada para a direita. A energia vital vigorosa do Metal reverte a má sorte e traz boa sorte a todo o lar.

TORTAS DE TOFU COM CHÁ VERDE YIN

1 ½ xícara (375 ml) de bebida à base de soja
1 saco de chá verde
260 gramas de tofu comum (1/2 bloco), secado com toalhas de papel
4 ovos
3/4 de xícara (180 ml) de açúcar
1 colher de chá de extrato de baunilha
Água fervente

1. Pré-aqueça o forno a 180 °C.
2. Numa panela pequena, aqueça a bebida de soja em fogo médio alto até que ela comece a borbulhar nas bordas. Retire do fogo, ponha o saco de chá dentro e deixe em infusão durante seis minutos. Retire o saco de chá e jogue fora.
3. Ponha o tofu no processador de alimentos e bata até ficar macio. Agregue os ovos e o açúcar e bata. Adicione o leite de soja que ficou em infusão e a baunilha e bata até ligar bem.
4. Ponha a massa em seis formas de 125 ml. Ponha as formas numa assadeira e adicione 2,5 cm de água fervente. Asse até assentar, 50 minutos.
5. Deixe esfriar, refrigere e, ao servir, desenforme as tortas nos pratos.

   Serve seis porções.

A Essência do Prato
Experimente esta estranha sobremesa, que é tão deliciosa e saudável quanto você poderia desejar. Sem derivados de leite e com pouco teor de gordura, mesmo assim ela é macia e cremosa. Tanto o tofu como o chá verde são superalimentos ligados à longevidade. A doce simplicidade da Terra que as Tortas de Tofu com Chá Verde trazem é um bem-vindo antídoto se você estiver com problemas — com *stress* ou agitado —, e pode evitar que você se torne egoísta ou mesquinho.

Um Superalimento que Promove o Ch'i: o Chá Verde

Chamado de "jade líquido" pelos chineses, o chá verde é um primo bem delicado do forte chá preto, e seus compostos do polifenol parecem agir como antioxidantes para evitar o câncer. O chá verde é considerado uma bebida da longevidade, e seu poder de prolongar a vida pode vir tanto das suas propriedades anticarcinogênicas como do ritual, que acaba com o stress, que o cerca. A cerimônia zen do chá, a arte antiga e elaborada praticada por especialistas, tem como objetivo transportar você para fora deste mundo.

Ao contrário de bebidas Yang com alto teor de cafeína, como é o chá preto ou o café, o chá verde é considerado Yin. Seus poucos oito miligramas de cafeína por xícara são um delicado alento para a mente e para o espírito. Algumas pessoas preferem o chá verde misturado com o sabor de outras ervas e extratos, e muitas formulações desse gênero estão disponíveis em mercados asiáticos e lojas de produtos naturais.

Sobremesa Borboleta Yin-Yang para o Máximo Desempenho Sexual

Com uma ligeira variação, esta sobremesa torna-se uma receita para o amor — um arremate sexualmente atraente do jantar que pode aprimorar a biomecânica da equação erótica. Para fazer esta sobremesa, retire o chá verde da torta e acrescente uma xícara (250 ml) de abóbora enlatada (transformada em purê com o tofu), aumente o açúcar para uma xícara (250 ml) e adicione uma colher de chá de canela, 1/2 colher de chá de gengibre e 1/4 de colher de chá de cravo com o açúcar. (Você provavelmente vai precisar de uma ou duas formas de torta adicionais para acomodar a massa.) Sirva a torta com uns poucos quadradinhos de chocolate de alta qualidade. Eis os segredos sensuais da Borboleta. No caso da mulher, sabe-se que a soja aumenta a lubrificação nos pontos importantes. No caso do homem, comprovou-se que o aroma da torta de abóbora assando aumenta o número de ereções. Para ambos os parceiros, a energia do elemento Terra da abóbora mantém a fidelidade, enquanto os compostos de feniletilamina do chocolate estimulam o sistema nervoso, aumentam a pressão sangüínea e a taxa de batimentos cardíacos e liberam endorfinas — processos afrodisíacos que preparam você fisicamente para o ato amoroso. Do mesmo modo, o chocolate é Yang diante do Yin da torta, proporcionando o equilíbrio macho-fêmea essencial a uma ligação bem-sucedida.

Para preservar o aroma da abóbora, asse as tortas no mesmo dia do jantar e mantenha as janelas fechadas. Não refrigere as tortas; deixe-as simplesmente esfriar e sirva à temperatura ambiente.

Opções e Oportunidades
Esta receita é ligeiramente adocicada para permitir que o sabor delicado do chá mostre o seu brilho. Se você gosta de coisas mais doces, talvez queira aumentar a quantidade de açúcar para uma xícara (250 ml).

Complementos
A contribuição do tofu e dos ovos em termos de proteínas torna esta sobremesa um arremate particularmente bom para uma refeição vegetariana.

O Prato Feng Shui
Doce e ligeiramente dourada, esta personificação da Terra deve ser colocada no centro de um prato pequeno.

Torta de Lima

Yin

  6 ovos
2/3 de xícara (160 ml) de açúcar
3/4 de xícara (180 ml) de suco de lima fresco (cerca de seis-sete limas)
  1 colher de chá de casca de lima picada
  4 colheres de sopa de manteiga derretida
  1 embalagem de massa pronta de torta de 23 cm

1. Pré-aqueça o forno a 180 °C. Com um misturador elétrico, bata os ovos e o açúcar em alta velocidade até que a mistura adquira uma coloração clara e se mostre ligeiramente espessa. Reduza a velocidade para baixa e vá despejando aos poucos o suco e a casca de lima e, em seguida, a manteiga derretida.
2. Despeje a mistura na massa de torta e asse por cerca de 30 a 35 minutos, até que o centro fique firme e a superfície, quando tocada, se mostre seca.
3. Deixe esfriar por completo e refrigere até a hora de servir.

   Serve de seis a oito porções.

A Essência do Prato

As limas, verdes e ácidas, são o fruto do elemento Madeira, associado à família — e a torta é parte integrante da vida familiar. A Madeira melhora ainda mais a dinâmica familiar ao promover a lealdade e o perdão, e ao ajudar você a enfrentar a raiva, um importante processo em todo relacionamento grupal saudável.

Opções e Oportunidades

Se estiver usando a massa de torta numa assadeira de alumínio rasa, você pode proteger-se dos respingos colocando papel alumínio nas bordas. Se tiver acesso a limas da Flórida, use-as em lugar das limas comuns para fazer uma torta de lima clássica.

Complementos
O cheiro penetrante e puro da Torta de Lima faz dela um bom arremate para todas as receitas deste livro. Seu gosto proporciona um contraste particularmente agradável diante de entradas que tendem ao doce, como o Enrolado de Frango Mu Shu ou a Costela de Bezerro com Pimenta Dedo-de-Moça e Mel.

O Prato Feng Shui
Ponha cada fatia de torta na área da Madeira, do lado esquerdo do prato, com a ponta virada para o centro. Você pode guarnecê-la com algumas fatias de casca de lima ou de hortelã fresca para reforçar a cor verde da lima, enfraquecida pelo processo de cozimento. Se quiser, dê continuidade ao ciclo da criação acrescentando ao prato algumas amoras ou morangos frescos para dar-lhe um quê de Fogo.

Receitas Segundo a Natureza Essencial – Yin, Yang e Equilibradas

YIN

Salada de Aspargos, Espinafre e Shiitake com Tempero de Miso
Pudim Cremoso de Banana e Coco
Parfait Balsâmico
Tofu Frio com Cebola Branca e Óleo de Gergelim
Salada de Caranguejo e Pepino
Torta de Berinjela, Tomate e Queijo de Leite de Cabra
Sopa de Batata-Doce com Gengibre
Solha Escaldada na Toranja com Molho de Agrião
Gazpacho de Uvas Verdes
Tortas de Tofu com Chá Verde
Torta de Lima
Berinjela Miso
Sopa de Miso
Tofu Refogado na Laranja
Salada de Talharim com Pecíolo de Arroz
Salada de Frango Rubi
Travessa de Talharim com Soba
Salada Suave com Vinagrete de Laranja e Sálvia
Abóbora Recheada
Tartare de Salmão
Refresco de Tamarindo com Cubos de Lima
Empadas de Tomate com Abacate e Creme

YANG

EQUILIBRADAS

Peito de Frango com Recheio de Feijão Preto
Brownies Escuros
Frango e Daikon ao Molho de Vinho Tinto
Óleo de Pimenta Dedo-de-Moça
Costelas de Leitão com Pimenta e Mel
Camarão Embebido em Vinho
Filé Mignon Assado com Molho de Cogumelo Silvestre e Batatas Amassadas em Arugula
Bolo de Amêndoas Temperado
Chá de Gengibre Fresco
Filés de Cordeiro com Molho de Amendoim
Moussaka Reconstituinte
Martínis Pacífico
Atum Apimentado com Molho de Wasabi
Grão-de-Bico Rápido ao Curry
Bacalhau com Pele ao Saquê com Molho de Ponzu
Pato Assado ao Sal com Repolho Refogado na Cerveja
Salmão ao Ponto com Manteiga de Raiz-Forte
Pombinhos Sensuais
Frango Picante ao Gergelim
Tempura du Jour
Tacos de Thai
Salada de Repolho Branco-Quente

Gravatinhas com Brócolos
Canja para Resfriado
Salada de Frango Chinesa
Risoto de Camarão com Coco
Caranguejo com Beurre Brun de Gengibre
Sundaes de Fogo e Gelo
Macarrão com Amendoim dos Cinco Elementos
Fritada Mexida Flexível
Sanduíche de Tofu Grelhado
Mangas Picantes
Salada de Lentilha Apimentada
Enrolado de Frango Mu Shu
Manjar de Ovos e Ostras
Inhame com Recheio de Abacaxi e Presunto
Wontons de Carne de Porco e Camarão com Pesto Cilantro
Talharim com Carne de Porco ao Gergelim
Sopa para Emagrecer
Massa ao Caldo de Lula com Lula Fresca e Ervas
Salada de Vieira Quente com Feijão Verde e Amêndoas
Salada Yin-Yang

Recomendações de Leitura

Beinfield, Harriet, *Between Heaven and Earth: A Guide to Chinese Medicine*, Nova York, Ballantine Books, 1991.

Carper, Jean, *Food, Your Miracle Medicine: How Food Can Prevent and Cure Over 100 Symptoms and Problems*, Nova York, Harper Perennial Library, 1994.

Cost, Bruce, *Bruce Cost's Asian Ingredients: Buying and Cooking the Staple Foods of China, Japan, and Southeast Asia*, Nova York, William Morrow, 1988.

Duyff, Roberta Lawson, *The American Dietetic Association's Complete Food and Nutrition Guide*, Minnetonka, MN, Chronimed Publications, 1996.

English Chinese Dictionary of Medicine, San Francisco, China Books and Periodicals, 1979.

Le, Kim, Ph.D., *The Simple Path to Health: A Guide to Oriental Nutrition and Well-Being*, Portland, OR, Rudra Press, 1996.

Lip, Evelyn, *Feng Shui for the Home*, Torrance, CA, Heian International, 1995.

Needham, Joseph, *Science and Civilisation in China, Volume 3: Mathematics and the Sciences of the Heavens and the Earth*, Cambridge, Inglaterra, Cambridge University Press, 1959.

Ritsema, Rudolf, e Stephen Karcher, tradutores, *I Ching, the Classic Chinese Oracle of Change: The First Complete Translation With Concordance*, Rockport, MA, Element, 1994.

Rossbach, Sarah, *Feng Shui: The Chinese Art of Placement*, Nova York, Arkana, 1983.

Tyler, Varro, Ph.D., *The Honest Herbal*, University, MS, Pharmaceutical Products Press, 1993.

Wilhelm, Richard, tradutor, e Cary F. Baynes, tradutor inglês, *The I Ching or Book of Changes*, Bollingen Series XIX, Nova York, Pantheon Books, 1950. [*I Ching — O Livro das Mutações*, publicado pela Editora Pensamento, São Paulo, 1983.]

Williams, Tom, Ph.D., *The Complete Illustrated Guide to Chinese Medicine: A Comprehensive System for Health and Fitness*, Rockport, MA, Element, 1996.

Feng Shui

Para Quem Mora em Apartamento

RICHARD WEBSTER

Não pense que só porque você mora num apartamento, numa quitinete ou num cômodo minúsculo você não pode tirar proveito da antiga arte chinesa do feng shui. Na verdade, basta fazer mudanças sutis no lugar em que você mora para conseguir literalmente transformar a sua vida. Os adeptos do feng shui estão constatando grandes melhoras em todos os aspectos da vida: na saúde, na vida afetiva, econômica, profissional, familiar e até mesmo no reconhecimento público. Este novo livro da série sobre feng shui, de Richard Webster, apresenta soluções especiais para você aumentar a harmonia e o equilíbrio do seu apartamento, gastando pouco ou absolutamente nada.

Se você está à procura de um novo apartamento, saiba qual é o apartamento ideal. Descubra quais são os locais favoráveis e desfavoráveis da casa e evite colocar sua cama na área do Desastre. Aprenda a reconhecer melhor os lugares onde colocar os móveis e como amenizar os efeitos de locais desfavoráveis, usando plantas, espelhos, cristais e sinos tibetanos. Você também vai saber como avaliar a casa de outras pessoas, de acordo com os princípios do feng shui.

Transforme seu apartamento num verdadeiro lar, e você será uma pessoa muito mais feliz, saudável e bem-sucedida.

EDITORA PENSAMENTO

Feng Shui

Para o Sucesso, a Saúde e a Felicidade

RICHARD WEBSTER

Nossa casa deve ser um lugar onde possamos ser totalmente nós mesmos. Nela precisamos ter condições de relaxar e de esquecer todas as preocupações e problemas do mundo exterior. Uma casa sombria, bagunçada ou atulhada de móveis pode nos causar mal-estar, irritação ou mau humor, a ponto de afetar nosso relacionamento com as outras pessoas e a maneira como encaramos as questões do dia-a-dia.

Usando o feng shui – uma arte milenar chinesa cujo objetivo é nos ajudar a viver em harmonia com a Terra –, podemos fazer pequenos ajustes nos vários espaços da casa para torná-la mais agradável e harmoniosa aos nossos olhos; um verdadeiro oásis de paz e equilíbrio.

As idéias básicas apresentadas neste livro são muito simples e fáceis de se pôr em prática. Você vai aprender a usar alguns princípios da filosofia tradicional chinesa – como os cinco elementos, as energias yin e yang e o I Ching – para equilibrar as energias da sua casa e atrair mais sucesso, saúde e felicidade para a sua vida.

EDITORA PENSAMENTO

Para o Local de Trabalho

RICHARD WEBSTER

As principais sugestões que o *Feng Shui para o Local de Trabalho* lhe faz para que seu escritório ou empresa funcionem de um modo ideal, e você alcance o sucesso que deseja e merece, são as seguintes:

- Descubra a localização mais vantajosa dos diversos departamentos: contabilidade, vendas, sala da diretoria, refeitório, etc.;
- Saiba o que deve evitar quando estiver escolhendo uma nova sede para a sua empresa;
- Descubra por que janelas espelhadas e que dão reflexos são desaconselháveis, bem como os prédios que parecem ter todas as paredes de vidro;
- Escolha com cuidado um logotipo que atraia crescimento e prosperidade para a sua empresa;
- Cuide com zelo da entrada principal do seu prédio ou escritório, fazendo alguns pequenos ajustes, de modo a afastar qualquer obstáculo que esteja interceptando o fluxo normal do ch'i no seu local de trabalho.

Acatando as sugestões acima, quer você seja dono de uma empresa, quer seja funcionário, tenha certeza de que a energia positiva do universo trabalhará sempre em seu favor.

EDITORA PENSAMENTO

Feng Shui

Para o Amor e o Romance

RICHARD WEBSTER

Há milhares de anos os chineses sabem que, se arrumarem suas casas e seus pertences da maneira correta, atrairão energia positiva, proporcionando-lhes, em conseqüência, uma vida rica de amor e de amizade. Agora você pode tirar vantagem desse conhecimento milenar para atrair o parceiro certo; ou, se já tem um parceiro, pode estreitar os vínculos entre vocês.

E isso é incrivelmente simples e barato. Você quer que o seu parceiro comece a ouvir com mais atenção o que você diz? Coloque algumas flores amarelas na área "Ken", a da comunicação, da sua casa. Você quer ter mais amigos de ambos os sexos? Coloque algumas plantas ou velas verdes na área "Chien", a da amizade. Seu relacionamento é bom em muitos aspectos mas falta paixão? Assim que ativar com o feng shui a área de sua casa correspondente ao amor e ao romance, você não terá mais razões de queixa nesse aspecto da sua vida.

Feng Shui para o Amor e o Romance mostra-lhe como lidar com as forças universais do céu e da terra – as energias yin e yang, os cinco elementos (madeira, fogo, terra, metal e água) e as suas direções do amor (leste, oeste, norte ou sul) – para fazer da sua vida e da sua casa uma fonte inesgotável de amor.

EDITORA PENSAMENTO

Para o Jardim

RICHARD WEBSTER

Se você possui uma grande propriedade, com extensos jardins bem planejados, ou se mora numa quitinete que só comporta alguns vasos de plantas, não importa. Você pode usufruir benefícios notáveis usando as plantas para gerar mais ch'i – a energia vital do universo – na sua vida. Onde quer que haja ch'i em profusão, a vegetação tem uma aparência saudável e luxuriante, o ar é fresco e adocicado, e a água é pura e refrescante.

Os antigos chineses acreditavam que, se vivemos em harmonia com a terra, atraímos sorte, prosperidade e alegria. *Feng Shui para o Jardim* mostra, tanto para leigos quanto para especialistas em paisagismo, como gerar o máximo de energia positiva nos jardins. Baseie-se nos princípios do feng shui ao escolher as flores, as cores, as fragrâncias, as ervas, os adornos e o melhor local para o seu jardim. Descubra o lugar mais apropriado para pôr um chafariz, uma cascata ou uma piscina. Aprenda a criar para si, mesmo que você more num apartamento, um espaço de harmonia e tranqüilidade, que será o seu jardim secreto.

EDITORA PENSAMENTO

FENG SHUI

O Livro das Soluções

Nancilee Wydra

Feng Shui — O Livro das Soluções oferece 150 soluções simples e baratas para transformar qualquer casa ou local de trabalho num espaço que proporcione bem-estar e alegria de viver, de acordo com os princípios criados pelo milenar estudo chinês de como as pessoas "sentem" o ambiente em que vivem. Sem a necessidade de fazer grandes mudanças na decoração, sem precisar renovar o mobiliário nem substituir os objetos da casa, a especialista em **feng shui**, Nancilee Wydra, analisa cada aposento, bem como os espaços externos da casa ou escritório, mostrando como ajustar fatores, como iluminação, mobília e plantas, para criar um ambiente mais positivo.

Wydra apresenta testes simples e concludentes para ajudar o leitor a definir e detectar o **feng shui** nocivo, e em seguida sugere pequenas alterações que podem torná-lo saudável — desde a simples mudança da posição de uma cadeira, a colocação de cortinas, até a inclusão de um espelho ou de mais flores e plantas no ambiente. O **feng shui** positivo e os benefícios que ele nos traz estão ao alcance de qualquer pessoa. E este livro pode muito bem tornar-se uma Bíblia para milhões de pessoas que descobriram a importância dessa arte.

Nancilee Wydra, fundadora da Pyramid School of Feng Shui e co-fundadora do Feng Shui Institute of America, é palestrante do American Institute of Architects em convenções nacionais e ministra cursos sobre **feng shui** em todo o país. Wydra mora em Vero Beach, na Flórida.

EDITORA PENSAMENTO